정보관리기술사 & 컴퓨터시스템응용기술사

Information Management
Computer System Application

vol.9 | 인공지능

권영식, 권대호 지음

(주)도서출판 성안당

■ 도서 A/S 안내

성안당에서 발행하는 모든 도서는 저자와 출판사, 그리고 독자가 함께 만들어 나갑니다.

좋은 책을 펴내기 위해 많은 노력을 기울이고 있으나 혹시라도 내용상의 오류나 오탈자 등이 발견되면 **"좋은 책은 나라의 보배"**로서 우리 모두가 함께 만들어 간다는 마음으로 연락주시기 바랍니다. 수정 보완하여 더 나은 책이 되도록 최선을 다하겠습니다.

성안당은 늘 독자 여러분들의 소중한 의견을 기다리고 있습니다. 좋은 의견을 보내주시는 분께는 성안당 쇼핑몰의 포인트(3,000포인트)를 적립해 드립니다.

잘못 만들어진 책이나 부록이 파손된 경우에는 교환해 드립니다.

저자 문의 e-mail : simon_kwon@naver.com(권영식)

본서 기획자 e-mail : coh@cyber.co.kr(최옥현)

홈페이지 : http://www.cyber.co.kr 전화 : 031) 950-6300

머리말

필자는 기업에 입사 후 학습량이 절대적으로 부족한 상태에서 여러 번 응시한 적이 있었고, 그때마다 답안 작성을 위해 참고할 만한 서적이 있었으면 하는 생각이 간절했었습니다. 1.6mm 볼펜으로 400분 동안 자신이 알고 있는 내용을 요약해서 해당 교시 별로 14페이지 분량에 논리적으로 기술하기란 쉬운 일이 아닙니다. 심지어 알고 있는 내용일지라도 답안에 기술하기란 또한 쉽지 않습니다.

이 책은 이런 어려움을 극복하기 위한 차원에서 학원 수강을 통해 습득한 내용과 멘토링을 진행하면서 스스로 학습한 내용을 바탕으로 답안 형태로 작성하였고, IT 분야 기술사인 정보관리기술사와 컴퓨터시스템응용기술사 등 자격을 취득하기 위해 학습하고 있거나 학습하고자 하는 분들을 위해 만들었습니다.

기술이란 과거 기술의 연장선으로 성능을 향상하였거나 보안 요소 그리고 저전력, 사용자 편의성을 지향하는 방향으로 발전되고 있습니다. 해당 기술은 어떤 필요성에 의해 탄생되었을까? 그리고 어떤 기술 요소를 가지고 있고 다른 기술과의 관계는 어떻게 형성되는지? 그리고 향후에는 어떻게 발전될 것이며, 현업(실무자 차원)에서 경험한 문제와 해결 방법 등을 답안에 기술해야 고득점을 획득할 수 있습니다.

답안은 외워서 작성하는 것보다 실무 경험에서 쌓은 노하우를 논리적으로 기술하는 방법이 제일 좋습니다. 특히 IT 분야는 매우 다양하기 때문에 현업을 수행하면서 주위의 동료나 다른 부서 팀원과의 교류를 통해 간접적인 경험을 많이 축적해 보는 것이 학습에 도움이 되며, 직접 경험하지 못한 분야에 대해서는 간접적인 경험을 통해 습득하는 것도 좋은 방법입니다.

인공지능(人工知能, Artificial Intelligence) 또한 실무 업무 분야와 밀접한 연관 관계가 있어 실무자 입장에서 접근하게 되면 보다 빨리 이해되리라 판단합니다. 즉, 기술사 학습이란 현업에서 이루어지는 모든 업무의 연장선이라고 볼 수 있습니다.

항목	분류	내용
1	인공지능의 개요	약 인공지능(Weak AI)/강 인공지능(Strong AI)/초 인공지능(Super AI), 인공지능의 특이점(Singularity), 아실로마(ASILOMA) AI(인공지능) 원칙, 규칙 기반 모델, 추천엔진(Recommendation Engine), 전문가시스템(Expert System), 유한 오타마타(Finite Automata), 튜링테스트(Turing Test), Agent, 킬 스위치(Kill Switch), 트롤리 딜레마(Trolley Dilemma), 인공지능(AI) 윤리의 개념/주요 사례/고려사항 및 추진 방향, 이용자 중심의 지능정보사회를 위한 원칙 등
2	인공지능 알고리즘	유전자 알고리즘, 그리디 알고리즘, 상관분석(Correlation Analysis), 회귀 분석(Regression Analysis), 로지스틱 회귀분석, 군집분석(Cluster Analysis), 자카드계수, 해밍거리, 유클리디안 거리(Euclidean Distance), 마할라노비스거리, Apriori 알고리즘, 지지도(Support)/신뢰도/향상도(Lift), 앙상블학습(Ensemble Learning), Bagging과 Boosting, 랜덤 포레스트(Random Forest), 의사결정 트리(Decision Tree), K-NN(K-Nearest Neighbor), 시계열 분석(ARIMA), SVM, 베이즈(Bayes)정리, K-Means, DBSCAN, 차원 축소, 특징 추출, PCA, ICA, 마르코프 결정 프로세스, 몬테카를로트리탐색(MCTS), Q-Learning, Tokenization (토큰화)/N-gram, Word2Vec, Skip-gram 등
3	심층 신경망 상세	일반적인 프로그램 방식과 기계학습 프로그래밍 방식, AI/ML(Machine Learning)/DL(Deep Learning), 기계학습, 지도학습(Supervised Learning), 비지도(비감독) (Unsupervised Learning)학습, 강화학습(Reinforcement Learning), 딥러닝 (Deep Learning), MCP 뉴런, 헵 규칙, 퍼셉트론(Perceptron), 아달라인, 활성화 함수(Activation Function), FFNN, 딥러닝의 파라미터(Parameter)와 하이퍼 파라미터(Hyperparameter), 역전파법(Back-propagation), 기울기 소실 문제 (Vanishing Gradient Problem), 경사하강법(Gradient Desent), 과적합(Overfitting) 과 부적합(Underfitting), Dropout, ANN, DNN, CNN, RNN, LSTM, GRU, RBM, DBN, DQN, GAN, DL4J, 혼동행렬, 기계학습의 평가 방법, 정확도/재현율/정밀도, F1 Score 등
4	인공지능 활용	음성인식기술-ASR(Automatic Speech Recognition)/NLU(Natural Language Understanding)/TTS(Text to Speech), 음성인식(Voice Recognition), 챗봇 (ChatBot), 가상개인비서(Virtual Personal Assistant), 패턴인식(Pattern Recognition), 머신러닝 파이프라인(Machine Learning Pipeline), 자연어 처리, 엑소브레인(Exobrain)과 Deepview 기술요소, 딥뷰(Deepview), SNA(Social Network Analysis), 텐서플로우(Tensorflow), 파이션(Python)의 특징 및 자료형(Data Type), 패션 의류용 이미지를 분류하는 다층 신경망 예시 등

항목	분류	내용
5	기출 및 예상 토픽	GPU와 CPU, 교차검증(K-fold Cross Validation) 기법, 머신러닝 모델의 평가 방법, 머신러닝 보안 취약점, 머신러닝 학습과정에서의 적대적 공격 4가지, 적대적 공격의 방어 기법, 데이터 어노테이션(Data Annotation), AIaaS(AI as a Service)와 도입 시 고려사항, 전이 학습(Transfer Learning), Pre-Crime, 인공신경망의 오류 역전파(Backpropagation) 알고리즘, 인공지능 소프트웨어 개발 프로세스의 V 모델, 인공지능 개발과정에서 중점적으로 점검할 항목, 인공지능 데이터 품질 요구사항, XAI(eXplainable AI), 디지털 카르텔(Digital Cartel), 인공지능(AI) 데이터 평가를 위한 고려사항 등

위와 같은 형태로 Domain별 세부 내용과 전체 구성을 미리 파악하면 학습에 많은 도움이 됩니다.

본 교재는 발전 동향, 배경 그리고 유사 기술과의 비교, 다양한 도식화 등 25년간의 실무 개발자 경험을 토대로 작성한 내용으로 풍부한 경험적인 요소가 내재되어 있는 장점이 있습니다. 다시 한번 더 학습자 여러분의 답안 작성 방법에 많은 도움이 되었으면 하는 바람입니다.

교재 구입 후 추가로 궁금한 내용이나 문의 사항에 대해서는 운영 중인 카페 http://cafe.naver.com/96starpe에 질문 답변을 통해 언제든지 성심성의껏 답변드릴 것을 약속드리오며, 본 교재 내의 내용도 지속적으로 보완하여 학습자에게 도움을 드리고자 합니다.

본 책자 집필에 여러모로 도움을 주신 성안당 관계자와 사랑하는 가족에게 감사드립니다.

저자 권영식, 권대호

정보관리기술사 출제기준

■ 필기시험

직무 분야	정보통신	중직무 분야	정보기술	자격 종목	정보관리기술사	적용 기간	2019. 1. 1.~
• 직무내용 : 정보관리에 관한 고도의 전문지식과 실무경험에 입각하여 정보시스템을 계획, 연구, 설계, 분석, 시험, 운영, 시공, 감리, 평가, 진단, 사업관리, 기술판단, 기술중재 또는 이에 관한 기술자문과 기술지도 업무를 수행							
검정방법		단답형/주관식 논문형		시험시간		400분(1교시당 100분)	

시험과목	주요항목	세부항목
정보의 구조, 수집, 정리, 축적, 검색 등 정보시스템의 설계 및 수치계산, 그 밖에 정보의 분석, 관리 및 기본적인 응용에 관한 사항	1. 정보 전략 및 관리	1. 정보전략 – 정보기술 전략 기획, 수립 및 관리 등 – 비즈니스 및 정보기술 환경분석 – 정보기술 아키텍처 설계 – 투자성과 분석 – SW제품 개발 계획 수립 등 2. 경영정보 – 조직 경영전략 및 환경 분석 – 정보시스템 개선방안 도출 – 정보시스템 인프라 및 애플리케이션 분석 3. 정보윤리 4. IT감리 – 감리계획 수립 및 수행 5. 통계 6. 프로젝트 관리 – IT프로젝트 관리

시험과목	주요항목	세부항목
	2. 소프트웨어 공학	1. 소프트웨어 개발방법론 - 소프트웨어개발 방법론 활용 2. 소프트웨어 분석 및 설계 - SW 아키텍처 설계 및 문서화 - SW 아키텍처 이행 - SW 아키텍처 변경관리 - 기능모델, 정적모델 설계 등 - UI/UX 계획 수립 - UI/UX 콘셉트 기획 - UI/UX 아키텍처 설계 - 시스템 SW 아키텍처 설계 - 시스템 SW 기술문서 작성 3. 소프트웨어 구현 및 시험 - 프로그래밍 언어 및 응용 SW 기초 기술 활용 - 임베디드 애플리케이션 분석 및 설계 - IT 테스트 기획, 계획, 분석 및 설계 등 - IT 테스트 결과 관리 - IT 테스트 관리 및 자동화 4. 정보시스템 운영 및 유지보수 - 애플리케이션 리팩토링 - IT 시스템 운영기획 및 관리 - 응용 SW, HW, NW, DB 운영관리 5. 소프트웨어 품질 - IT 품질보증
	3. 자료처리	1. 자료구조론 - 물리 데이터베이스 설계 2. 데이터모델링 - 데이터베이스 요구사항 분석 및 설계 등 3. DBMS 4. 데이터마이닝 5. 데이터 품질관리 6. 빅데이터 분석

시험과목	주요항목	세부항목
	4. 컴퓨터 시스템 및 정보통신	1. 컴퓨터 시스템 가. 컴퓨터 구조 나. 운영체제 다. 시스템 프로그래밍 라. 수치해석 마. 알고리즘 2. 정보통신 가. 통신이론 - 네트워크 환경 및 프로토콜 분석 나. 네트워크설계 - 네트워크 프로토콜, 토폴로지 설계 등 다. 통신시스템
	5. 정보보안	1. 보안기술(암호화, 디지털 포렌식 등) 2. 보안시스템 3. 정보보호(보안엔지니어링 등) 4. 관리적 보안
	6. 최신기술, 법규 및 정책	1. 최신기술 가. 인공지능, 영상/그래픽 응용, IoT, 클라우드, 스마트팩토리 등 최신 이론, 기술 및 동향 2. 법규 및 정책 가. 전자정부법, 개인정보보호법 등 관련 법령 및 지침 나. 정보통신 관련 정책

컴퓨터시스템응용기술사 출제기준

■ 필기시험

직무 분야	정보통신	중직무 분야	정보기술	자격 종목	컴퓨터시스템응용기술사	적용 기간	2019. 1. 1.~
• 직무내용 : 컴퓨터시스템에 관한 고도의 전문지식을 가지고 풍부한 실무경험에 입각하여 계획, 연구, 설계, 분석, 시험, 운영, 시공, 평가하는 작업을 수행하며, 지도와 감리 등의 기술업무 수행							
검정방법		단답형/주관식 논문형		시험시간		400분(1교시당 100분)	

시험과목	주요항목	세부항목
하드웨어시스템, 소프트웨어시스템에 관한 분석, 설계 및 구현, 그 밖에 컴퓨터 응용에 관한 내용	1. 컴퓨터 기초이론	1. 컴퓨터의 설계, 개발, 운영 및 관리기술 2. 이산구조, 알고리즘, 자료구조 등 컴퓨터 기초이론
	2. 하드웨어 시스템	1. 컴퓨터 시스템의 하드웨어 구성 및 설계, 운영 – 시스템 보안 구축 2. 표시장치, 입력장치, 처리장치, 저장장치 및 출력장치의 설계, 개발 및 관리기술 – 디바이스 드라이버 분석 및 설계 3. 입출력 인터페이스의 설계, 개발, 제조 및 관리기술

시험과목	주요항목	세부항목
	3. 시스템 소프트웨어 및 응용소프트웨어	1. 시스템 소프트웨어의 구성, 설계, 개발 및 운영(운영체제, 시스템프로그래밍, 프로그램언어론, 컴파일러 등) - 운영체제 이식 - 임베디드 애플리케이션 구현 2. 응용 소프트웨어의 구성, 설계, 개발 및 운영(소프트웨어공학, DBMS 등) - 데이터 기획, 저장 및 처리 - 분석용 데이터 탐색 - 기능 · 정적 · 동적모델 설계 - 인터페이스 설계 - 애플리케이션 설계 - 애플리케이션 테스트 관리 - 애플리케이션 리팩토링 - 통합구현 - 소프트웨어공학 활용 - 소프트웨어개발 방법론 활용 - 데이터 전환 및 표준화 - SW개발 및 DB 보안 구축 - 시스템SW 엔지니어링 - IT 품질보증 - IT 테스트 - IT 감리
	4. 컴퓨터 통신 및 네트워크	1. 통신 인터페이스의 설계, 개발, 제조, 운영 및 관리기술 - 네트워크 환경 및 프로토콜 분석 - 네트워크 설계 - 네트워크 품질평가 2. 유무선 네트워크 장비 및 설계 - 네트워크 소프트웨어 아키텍처 수립

시험과목	주요항목	세부항목
	5. 시스템 보안	1. 보안체계 운영관리 2. 보안감사 수행 3. 보안인증 관리 4. 보안 운영관리
	6. 컴퓨터 시스템 평가	1. 컴퓨터 시스템의 성능평가 기술 2. 국내외 및 산업계 표준에 대한 평가(H/W, S/W)
	7. 법규, 정책 및 표준	1. 전자정부법, 개인정보보호법, 지적재산권 등 관련 법령 2. 투자 성과평가 등 관련 정책 - 정보기술 투자계획 수립 - 정보기술 성과관리 3. ICT 관련 국내외 표준
	8. 최신 기술 동향	1. IoT, 클라우드, 인공지능, 스마트팩토리 등 컴퓨터 시스템의 최신 기술과 동향 2. 빅데이터 기획, 저장 및 처리

차 례

PART 1 인공지능(人工知能, Artificial Intelligence)의 개요

PART 2 인공지능 알고리즘(Algorithm)

(A, B), (A, C) 간의 거리

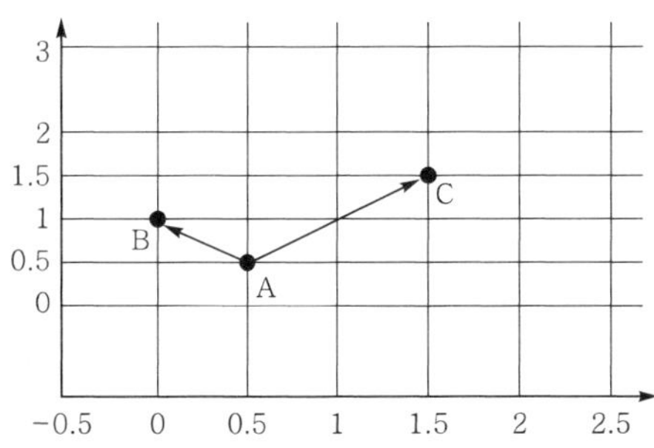

(A, B), (A, C) 간의 거리 공분산 행렬은 다음과 같다.

$$\sum=\begin{pmatrix}0.3 & 0.2\\ 0.2 & 0.3\end{pmatrix}$$

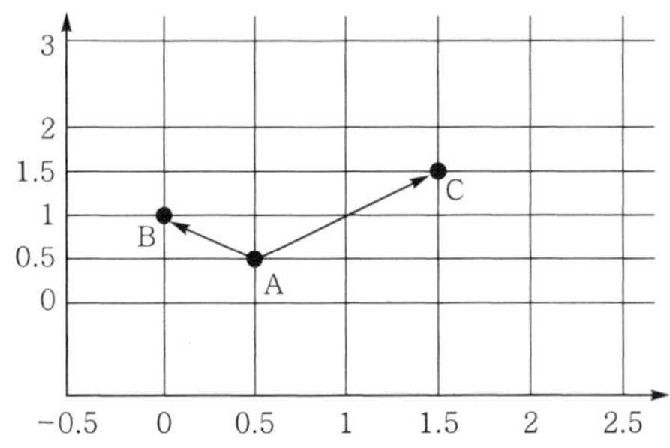

〈사례 1〉

판매 품목	거래수
TV 구매	4,000
DVD 구매	2,000
TV와 DVD 동시 구매	1,000
전체 거래수	10,000

〈사례 2〉

트랙잭션 ID	구매한 상품
101	우유, 빵, 주스
792	우유, 주스
1130	우유, 계란
1735	빵, 과자, 커피

상자 A　　상자 B

PART 3 심층 신경망 상세

PART 4 인공지능 활용

PART 5 기출 및 예상 토픽

인공지능(人工知能, Artificial Intelligence)의 개요

약 인공지능(Weak AI)/강 인공지능(Strong AI)/초 인공지능(Super AI), 인공지능의 특이점(Singularity), 아실로마(ASILOMA) AI(인공지능) 원칙, 규칙 기반 모델, 추천엔진(Recommendation Engine), 전문가시스템(Expert System), 유한오타마타(Finite Automata), 튜링 테스트(Turing Test), Agent, 킬 스위치(Kill Switch), 트롤리 딜레마(Trolley Dilemma), 인공지능(AI) 윤리의 개념/주요 사례/고려사항 및 추진 방향, 이용자 중심의 지능정보사회를 위한 원칙 등에 대한 내용으로 작성했습니다.

[관련 토픽 – 17개]

문 1) 인공지능의 역사

답)

1. 인공지능(Artificial Intelligence) 역사의 개요

가. 인공지능(人工知能)의 역사

학습하는 기계 → 전문가 system → 뉴럴 N/W 유전자알고리즘 → 머신러닝 딥러닝

앨런튜닝 ---> Expert시스템 → Agent ---> Deep Learning

나. 인공지능의 발전

태동기 → 관심기 → 암흑기 → 활성기 → 융성기 → 현재 → 미래 AI

2. 人工知能 역사의 상세 및 이력

가. 인공지능(AI) 역사 이력

퍼셉트론 → XOR 문제 → Multi-layered Perceptron → SVM → CNN, RNN, DNN 등

'1950년대 / '1980년대 XOR문제 개선 → 지능화

나. 인공지능(AI)의 상세 발전 역사

년대	설명
태동기 (1943~1956)	Alan Turing : "계산기계와 지능" 논문 ← 학습기계 정의 뉴런명제논리 → 튜링테스트 → 신경회로망 컴퓨터 '56년 다트머스컬리지에서 "인공지능" 첫 용어 사용
관심기 ~1969	LISP언어, Advice Taker(최초 AI 프로그램) Perceptron 이론 ← Adaline 이론 정립

AI겨울 암흑기 ~1974	-복잡한 AI 프로그램 ← 간단한 문제도 많은 자원필요 -기본 구조상 문제 (퍼셉트론 한계), AI기재 만족부족
활성기 ~1988	-전문가 시스템(Expert System) 상용화, -인간 전문가 지식 활용 → 규칙기반 System 대두등
융성기 ~2000	-Neural Network 연구활발, AI 융합(타산업) -에이전트(Agent) 활용 정보 검색 등
2010년 ~현재	-자율적 학습 모델, 인공지능(AI) 활용도 증가, -대용량 처리(Data) ← 빅데이터 활용 모델생성,활용

3. 인공지능(AI) 개발 접근법의 발전

시대: '1936 튜링머신 — '1940 폰노이만 Computer구조 — 1948 이진법 — 1955 논리적 언어학 — 퍼셉트론 1959 — 신경망 학습 — Chinese Room 1980 논제 — 1989 WWW — 2010

Computer Science: Computer 구조 정립 — (1955) 기호주의 - 인공지능, 규칙기반 AI — (1960) 연결주의 - 인공지능 신경망기반 AI — 통계적 AI — CNN, DNN, RNN

"끝"

문 2) 인공지능(Artificial Intelligence)

답)

1. 인간 묘사 System, 인공지능의 개요.

가. 딥러닝, 머신러닝 포함 인공지능의 정의

인간의 인지, 추론, 학습의 사고과정에 필요한 능력을 컴퓨터 System을 통해 구현 함으로써 문제를 해결할수 있는 기술

나. 인공지능의 발전과정

2. 인공지능의 분류 체계 및 설명

가. 인공지능의 분류 체계

AI는 머신러닝과 딥러닝이 핵심, Big Data와 Data Mining과 밀접한 연관이 있음.

나. 머신러닝(Machine Learning)과 딥(Deep)러닝 설명

머신 러닝	컴퓨터가 수많은 데이터를 스스로 학습하여 인공지능의 성능 정확도 향상시키는 학습방법

딥러닝 (Deep Learning)	더욱 고도화된 신경망 알고리즘을 적용하여 보다 빠르고 감성적이며 인간과 유사하게 행동하는 컴퓨터 프로그램을 구현한 학습방법 (머신러닝+신경망알고리즘)

3. 학습 알고리즘의 종류

구분	머신러닝		딥러닝
지도 학습	분류	-SVM (Support Vector Machine) -Logistic Regression	-CNN (Convolution Neural Network)
	회귀	-Linear regression -의사결정트리 -Support Vector regression	-RNN (Recursive NN) -LSTM (Long short-Term Memory)
비지도 학습	군집	-K-means -DBSCAN	-GAN (Generative Adversarial N/W)

"끝"

문3) 약 인공지능(Weak AI), 강 인공지능(Strong AI), 초 인공지능(Super AI)과 AI 학습데이터 품질

답)

1. 인공지능과 일반 프로그램과의 차이

프로그램	:	입력 → [규칙코딩] → 결과(output)
Machine Learning	:	자료 → [알고리즘] → [규칙(모델)]

머신러닝은 Bigdata(자료)에서 모델을 생성

2. Weak AI, Strong AI, Super AI

Weak AI	특정분야에 특화된 인공지능 -AlphaGo(바둑), 이미지분류, Agent 등
Strong AI	인간이 할 수 있는 모든 능력을 갖추고 있는 AI -스스로 사고, 문제를 해결할 수 있는 컴퓨터 기반의 AI. 지각력이 있고 스스로를 인식하며 독립성을 가졌다는 것이 특징
Super AI	인간이 할 수 있는 능력 이상의 지능 인간보다 1000배 이상 뛰어난 지능을 가진 AI. 효율, 자기보존, 자원획득, 창의성 등의 원초적 욕구를 기반으로 끊임없이 자가 발전

3. AI를 위한 학습데이터 품질의 중요성과 품질저하요인

가. AI 수준은 학습데이터의 Volume과 규칙, Quality와 비례

①정확성을 위한 데이터의 수량은 절대적

② 일관성 없는 데이터는 정확도 저해 요인

③ 수준 높은 학습자료일수록 수준 높은 결과 도출

4. AI 수준 위한 Data 품질 저하 요인

요인	내용
출처	데이터의 출처는 정확성, 신뢰성, 대표성에 영향 미침 - 데이터 수집 시 품질 보증 프로세스 적용 - 시간에 따른 데이터 패턴 변화 추이 모니터링 등
오류	오류가 불규칙한 경우 제거하거나 통제하기 어려움 -(시각화) 간단한 Data 시각화는 이상값이나 체계적인 오류를 발견하기에 가장 좋은 방법
편견	잠재적인 편견이 데이터 분석 결과에 미치는 영향 고려 (측정편견) 모집단을 대변하지 못하는 데이터 (설문조사) 낮은 응답률로 인한 응답 편향성 초래 등

"끝"

문4) 인공지능(AI)의 특이점(Singularity)

답)

1. 인공지능(人工知能: AI)의 특이점의 정의

- 인공지능이 비약적으로 발전해 인간의 지능을 초월하는 시점. 강인공지능을 넘어 초(Super)인공지능으로 발전하는 시점을 특이점(Sigularity)이라고 함

2. AI 특이점의 도식 & 설명

인간의 지능을 넘어서는 지점을 AI의 특이점이라 함 (약 202X년예상)

현재 202X년 4~5년후

3. 인공지능(AI)의 분류

가. AI와 관련 기술

AI 분류	관련 기술 범위
인공지능 / 기계학습 (머신러닝) / 딥러닝 Deep Learning / 발전	기계학습 / Deep Learning / AI / Data마이닝 Data science / Big Data

4. 인공지능(AI)의 유형

분류	설명	사례

약 AI (Weak AI)	주어진 조건 아래에서만 작동 가능	자율자동차, RPA, 챗봇, 자동 번역 등
강 AI (Strong AI)	인간과 같은 사고가 가능한 인공지능	비서로봇, 공장로봇, 터미네이터 등
초 AI (Super AI)	모든 영역에서 인간을 훨씬 뛰어넘는 인공지능	인간 대비 고차원의 명령수행도 가능

"끝"

문 5) 아실로마(ASILOMA) AI(인공지능) 원칙

답)

1. 아실로마 인공지능 원칙의 개요

- AI연구는 인간에게 유용하고, 인간의 존엄성/권리/자유/이상등과 양립불가. 장기적 위험에 대응하고 공동의 이익을 위해 활용되어야 한다는 원칙 (미국 캘리포니아 아실로마 - AI컨퍼런스에서 발표)

2. 아실로마 AI원칙 상세 항목

가. 연구이슈 (5항목)

연구목표 — 연구비 지원 — 과학정책 연결 — 연구문화 — 경쟁 피하기

- 연구목표: 인간에게 유용, 혜택
- 연구비 지원: 지원
- 과학정책 연결: 연구자와 정책입안자의 교류
- 연구문화: 협력, 신뢰, 투명성
- 경쟁 피하기: 안전기준, 부실한개발 회피

나. 윤리및 가치(13)

원칙	설명
안전	작동수명 전반에 안전우선, 기능 검증확인
장애투명성	시스템 장애시 정확한 원인 및 개선 보장
사법의투명성	인권기구가 감사할 경우 만족스러운 설명제공
책임	사용에 따른 책임부여
가치관 정렬	인간의 가치와 일치하도록 설계 필요.
인간의 가치	인간의 존엄성, 권리, 자유에 적합하게설계
개인정보 보호	Data Access, 관리 & 통제 권리 부여

자유와 개인정보	개인정보 적용시 인지된 자유가 부당 처리 불가
공동이익	최대한 많은 사람들에게 혜택, 권한부여
공동번영	AI경제적 번영은 공유되어야 함
인간통제	AI통한 의사결정 방법 & 여부 선택해야 함
비파괴	건강한 사회 지향, 상호존중, 상호개선
인공지능 무기	치명적인 AI 무기의 군비 경쟁 피해야 함

3. 장기 이슈 (5개 항목)

원칙	설명
능력주의	향후 AI 능력의 제한에 관한 전제를 피함
중요성	AI는 지구상의 생명, 역사의 변화 초래, 관리필요
위험	AI 위험의 영향, 예상문제, 완화노력 필요
자기복제 자기개선	자기복제/자기개선 System은 안전&통제 필요
공동의 선	윤리적 이상 추구, 인류의 이익을 위해 개발

"끝"

문 6) 규칙 기반 모델

답)

1. If~Then~Else 구조 규칙기반 모델의 개요.

가. 규칙(조건설정) 사용. 규칙 기반 모델의 정의

- 사람이하는 판단을 If~Then~Else 구조로 규칙(조건설정)을 사용하여 조건-분기프로그램으로 실행하는 System

나. 규칙 기반 AI(인공지능)발전

규칙 기반 AI → 신경망 기반 AI → 통계 기반 AI → 딥러닝 → 머신러닝 강AI

규칙기반AI로 시작하여 강 인공지능까지 발전

2. 규칙 기반의 예시와 전문가시스템 활용

가. 규칙기반의 Code 예시 (18세 이상만 1억이상인출가능시)

규칙 기반 Code예시	Code

IF 고객의 나이 < 18
AND 현금인출액 > 1억원
THEN 부모서명필요
ELSE 현금인출
	if(Age < 18 &&
	withdraw > 1억)
	sign = Parent;
	else
	withdraw = Money;

나. 규칙 기반 전문가시스템 활용

규칙 기반 If~THEN
- 관계, 추천, 지시
- 전략
- 휴리스틱(경험치)

추론 Engine ↔ 지식DB (DB 사실)

설명화면, 사용자인터페이스

(사용자, End user)

3. 규칙 기반 AI 모델의 종류

종류	설명	사례
규칙기반 모델	규칙(조건 설정)를 사용, 조건분기 프로그램을 실행하는 시스템	의사결정 트리 구축
지식기반 모델	프로그램과 Data의 분리를 통해 규칙을 변경하는 지식기반 모델	지식 기반 System
전문가 시스템	규칙기반 모델을 이용하는 추론엔진(Engine)에 기반한 System	전문가 System
추천 엔진	콘텐츠 내용에서 유사정보 추출하거나 사용자와 연관된 정보를 추천	상품 추천, 선호도 예측

"끝"

문 7) 추천 엔진(Recommendation Engine)

답)

1. 전문가 시스템의 하나, 추천 엔진의 개요

가. 추천엔진(Recommendation Engine)의 정의

·· Contents 내용에서 유사한 정보를 찾거나, 사용자와 연관된 정보를 추천하는 일종의 전문가 System

나. 추천엔진의 분류

구분	설 명
Contents-기반 (콘텐츠)	-Contents 내용 자체를 분석하여 유사한 상품 기사 등을 추천. -상품설명에 의존 -적은 자료로 추천 가능하나 좁은 추천 범위
User-기반 (사용자)	-사용자의 활동이력(검색, 구매등)을 이용하여 추천. -여러사람의 평가 정보를 활용 -많은 자료 필요, 다양한 범위 추천 가능

- 사용자 기반의 추천엔진, 협업필터링을 주로 활용

2. 사용자기반의 추천엔진. 협업필터링

가. 협업필터링(Collaboration Filtering) 개념도

사용자 기반 필터링	ⓐ, Ⓐ, Ⓑ → 딸기, 배, 수박, 포도 (아이템) → 선택 ---> 추천	나와 가장 유사한 성향지닌 사람을 기반으로 그 사람에게 아이템을 추천해 주는 것

Item 기반 필터링	(나)→딸기, (나)→수박, (나)→포도, (A)→딸기, (A)→수박, (B)→수박, 딸기⇢(B) / 배	⟶ 선택 ⇢ 추천	내가 선호하는 Item을 기반으로 가장 유사한 성향의 Item을 추천해 주는 것

나. 협업 필터링 과정의 설명(협업 필터링 알고리즘 설명)

구분	User-Based 필터링	Item-Based 필터링
개념	나와 유사한 성향을 지닌 사람을 기반으로 그 사람의성향의 유사도를 측정하여 추천	내가 선호하는 Item을 기반으로 Item의유사도를 측정하여 추천
절차	① 같은 패턴을 가지는 사용자를 찾음 예) A Item에 별 5개 부여 고객이 있을경우 동일하게 부여한 B고객을 찾음 ② 같은유형의 사람들이 했던 패턴을 예측(Prediction) 정보로 제공함	① Item에 대해 서로의 관계를 알수 있는 매트릭스(Matrix)를 만듦 ② 사용자와 일치하는 페어데를 찾아 Matrix에 대입하여 현재 사용자의 선호도를 예측

3. 협업필터링(CF) 알고리즘의 상세분류

가. Collaboration Filtering(CF)의 분류

Memory-Based CF(협업필터링)	Model-Based CF	Hybrid CF

- CF의 분류는 Memory-Based, Model-Based, Hybrid 협업 필터링으로 분류 가능함

4. Memory-Based CF의 개념, 알고리즘, 사례, 단점 설명

개념	사용자의 선호도(Rating) 기반으로 사용자(User) & Item의 유사도를 계산하는 방법
알고리즘	Nearest Neighbor 알고리즘, Top-N 추천 알고리즘. User-User / Item-Item Based
사례	쇼핑몰이나 VOD 서비스에서 제공하는 대다수의 추천기술
단점	-사람의 선호도(Rating)에 의존적 -표본 데이터 모수가 적으면 성능도 떨어짐 → 새로운 사용자나 Item이 추가되는데 따른 확장성이 떨어짐

다. Model-Based CF와 Hybrid CF의 비교

항목	Model-Based CF	Hybrid CF
개념	Usage 데이터를 기반으로 Training을 하여 패턴을 발견하는 과학적인 기법	Memory-Based CF와 Model-Based CF를 혼용하는 방법
알고리즘	베이지안, 클러스터링, 회귀, 시맨틱등 수학적 모델 등	Contents-Based CF Combining 알고리즘
사례	-일기예보등 -실제 Data에 대한 예측	Google의 뉴스추천 서비스
단점	-반대로 모델을 만드는데 고비용 -데이터가 클수록 성능떨어짐	적은 모수의 소스(Source)에 대해서도 재음이 가능

4. 추천알고리즘의 문제점, 필터 버블(Filter Bubble)

Filter Bubble : 추천시스템이 고도화될수록 사용자의 입맛에 맞는 정보만 제공되고 나머지 정보는 감추어지는 위험한 현상

문제점 : 정보의 편향적 제공, 극단적 양극화 같은 문제

보완 : 정보의 객관성 확보, 사용자 전체정보 제공 등

"끝"

문 8) 전문가시스템(Expert System)

답)

1. 해당분야 전문가 지식 활용, Expert System 개요

가. 특정문제해결, 전문가 시스템의 정의

- 전문가 지식, 경험, 노하우(Knowhow)를 컴퓨터에 저장하고 필요시 문제해결을 위해 활용할 수 있도록 만들어진 System (stored 전문가 지식)

나. 전문가 시스템의 활용(예시)

- 사용자는 전문가 System 통해 전문가 지식, 경험등 활용

2. Expert System의 구성과 구성요소의 설명

가. 전문가 시스템의 구성

나. Expert System의 구성요소 설명

구성요소	설명	비고
사용자 Interface	사용자 ↔ Expert System 상호작용	질문 & 답변

설명모듈	사용자 Query에 대한 추론답변	챗봇활용
추론엔진	지식 기반 정보의 추론, 전달	정보추론
스케줄링	사용자 Query의 스케줄링	작업순서결정
지식베이스	해당 전문가 지식 도메인별 저장	if-then-else 규칙(저장)
지식획득 system	정보수집, 정리후 지식베이스에입력	자동지식습득

3. Expert System의 활용

유형	전문가 지식 활용
교육	학생들의 행동을 진단하고 교정
모의시험	System 구성요소간의 상호작용을 모형화
제어	시스템 행위를 진단, 디버깅, 수리 & 통제
진단등	관찰결과로부터 System 고장을 추론등

"끝"

문 9) 정규표현식과 유한오토마타

답)

1. 정규표현식과 유한오토마타의 관계

대용량, 실시간 Data 검색 및 성능향상 위하여, 검색대상 문자열, 음성, 영상 등의 정보를 Annotation(주석)하여 정규표현식으로 변환 후 Computer 프로그래밍 가능.

2. 정규표현식과 유한오토마타의 개념

가. 정규표현(Regular Expression)식의 개념

구분	설명
개념	연산기호 사용, 특정규칙을 가진 문자열 집합 표현
메타문자	^X : X문자열로 시작, X$: X문자열 종료 등
장점	대규모 문자열 치환, 검색 효율성, 성능향상
단점	직관적 이해불가, 작성 및 관리의 어려움

나. 유한 오토마타(Finite Automata)의 개념

구분	설명
개념	유한한 개수의 상태를 가지는 State-machine
구성 요소	상태(State): 현재 상태, 전이대기 전이(Transition): 조건 만족시 수행되는 일련의 동작

유형	비결정적 유한오토마타 (Non Deterministic FA, NFA)	-하나의 입력 → 여러개의 결과값 가짐 가능 -하나의 NFA → 다수의 DFA로 변환
	결정적 유한오토마타 (Deterministic FA DFA)	-하나의 입력 → 하나의 결과값 가짐 -프로그래밍 가능

- 전산처리 (Computer가 이해)를 위해서는 프로그래밍 가능한 DFA로의 변환이 필요

3. 정규표현식과 유한오토마타의 활용방안

구분	활용분야	설명
HW	디지털회로	설계 가능한 논리소자, 프로그래머블 로직 컨트롤러, 논리회로, 플립플롭
SW	문자열검색, 필터링	AI 학습용 Data, Cloud, Big Data 등
	N/W 보안	IPS, UTM 등 Signature를 통한 트래픽 탐지

"끝"

문 10) 유한 오토마타 (Finite Automata)

답)

1. 상태변화모델, Finite Automata의 개요

가. State, Transition(전이)로 구성, FA의 정의

정의	유한 오토마타
이산적인 입력과 출력을 가지는 시스템의 수학적 모형으로 유한한 상태들의 집합과 전이들의 집합으로 구성된 디지털 컴퓨터의 수학적 모델	∅ 1 1 ∅ 1 1 / 입력테이프 / 좌우로 이동 탐색 / 유한제어

나. 상태(state)와 전이(Transition)

q —a→ P	상태	q : 시작상태 p : 최종상태
	전이	상태 q에서 입력 a 시 P로 변환

2. Finite Automata의 유형

가. 결정적 유한 오토마타 (DFA, Deterministic FA)

정의	모든 상태는 입력에 대해 정확히 하나의 변화된 상태를 가짐		
예시	Start → A —a→ B (a) —b→ C	설명	Ⓐ상태에서 a 입력시 Ⓑ Ⓑ상태, a입력시 B, b→Ⓒ 입력에 따라 상태 결정

나. 비결정적 유한오토마타 (NFA, Non-Deterministic FA)

정의	주어진 상태에 대해 여러가지의 변환된 상태를 가질수 있음		
예시	Start → A —a→ B (b) —b→ C	설명	- a 입력시 B로 전이 - b 입력시 B, C로 전이 - 하나의 입력에 대해 여러 상태가 가능

다. 유한오토마타의 표현식

유한오토마타 $M=(Q, \Sigma, \delta, q_0, F)$

Q : 상태들의 유한집합

Σ : 입력 알파벳(Input Alphabet), 유한개의 심볼들의 집합

δ : $Q \times \Sigma \rightarrow Q$인 전이함수(Transition Function)

q_0 : $q_0 \in Q$인 시작상태 (Start State)

F : 최종상태의 집합 (Set of final states)

3. DFA와 NFA(비결정 유한오토마타)의 예시

가. DFA인지 확인하고 상태 전이도 표현하기

$M=(Q, \Sigma, \delta, q_0, F)$	δ	0	1
$Q=\{q_0, q_1, q_2, q_3\}$	q_0	q_2	q_1
$\Sigma=\{0, 1\}$	q_1	q_3	q_0
$q_0=\{q_0\}$	q_2	q_0	q_3
$F=\{q_0\}$	q_3	q_1	q_2

- 위의 주어진 유한오토마타에서 DFA확인& 상태전이도

Start
q_0 —0→ q_2, q_2 —0→ q_0
q_0 —1→ q_1, q_1 —1→ q_0
q_2 —1→ q_3, q_3 —1→ q_2 ← 상태전이도
q_1 —0→ q_3, q_3 —0→ q_1

DFA임 : 하나의 입력에 대해 다음상태가 단 하나임.

4. 다음 NFA가 문장 baabb를 인식하는지 여부

$M = (Q, \Sigma, \delta, q_0, F)$

$Q = \{q_0, q_1, q_2, q_3\}$

$\Sigma = \{a, b\}$

$\delta = \delta(q_0, a) = \{q_0, q_1\}, \delta(q_0, b) = \{q_0\}$

$\delta(q_1, b) = \{q_2\}, \delta(q_2, b) = \{q_3\}$

$q_0 = \{q_0\}, F = \{q_3\}$

- 위의 주어진 유한 오토마타에서 상태 전이도 표시

Start → q_0 (a, b 자기 전이) —a→ q_1 —b→ q_2 —b→ q_3 (종료 상태)

- baabb 인식 가능경로

① $q_0 \xrightarrow{b} q_0 \xrightarrow{a} q_0 \xrightarrow{a} q_0 \xrightarrow{b} q_0 \xrightarrow{b} q_0$

② $q_0 \xrightarrow{b} q_0 \xrightarrow{a} q_0 \xrightarrow{a} q_1 \xrightarrow{b} q_2 \xrightarrow{b} q_3$

- 시작상태에서 출발하여 도달 가능한 모든상태를 표현, 입력 문자열 baabb를 모두 읽은후 도달 가능한 상태는 $\{q_0, q_3\}$임.

- $\{q_0, q_3\} \cap F = \{q_3\}$

- 문장 baabb는 주어진 NFA에 의해 인식됨

4. 유한 오토마타 활용분야

구분	활용분야	설 명

H/W 활용	디지털 회로	-설계 가능 논리소자, PLC 등 -논리 회로, F/F(플립플롭), 전자계산기
S/W 활용	응용 프로그램설계	-Program 대응 Event -event 프로그램 상태
	텍스트 필터링	-텍스트 적합성 판별 예) "문자열"+"@"+"도메인" 판별
	컴파일러 설계 (어휘분석기)	-특정언어를 다른언어로 옮김 -입력코드를 의미단어로 분리
	패리티 Bit 생성	-오류 검사 위한 parity 추가 -짝/홀수 parity를 오토마타로 생성

"끝"

문11) 튜링 테스트(Turing Test)

답)

1. 인공지능의 인간 묘사도 평가, 튜링 테스트 개요

정의	기계가 인간과 얼마나 비슷하게 대화를 할 수 있는지를 기준으로 기계에 지능이 있는지를 판별하고자 하는 Test(앨런튜닝-"컴퓨팅 기계와 지능" 논문)

2. Turing Test의 절차, 설명 & 판단 기준

절차	설명
① 컴퓨터 화면 통한 문자로만 대화	① 환경구성 - 두방에 AI와 피실험자 위치 - 격리된 공간에 심사위원 위치
A (AI) ←Text→ (사람) B	② Test 수행
② A, B 모두 사람이라고 주장 격리 심사위원 심사위원 … 심사위원	- 인공지능과 피실험자는 심사위원의 질문에 대해 문자 답변 ③ 테스트 평가 - 양쪽의 답변을 보고 사람 여부 판단, 불가능시 사람 판정
③ 어느 쪽이 사람인지 구분 시도	사고

판단 기준	일반인으로 구성된 심사위원이 인공지능과 대화해서 사람으로 판정하는 비율 30% 이상이면 지능보유

3. Turing Test 활용사례

구분	활용사례	설명
이미지	CAPTCHA	접근사용자 봇(Bot) 여부판단

이미지 인식분야	CAPTCHA	-문자, 숫자, 그림판단
	구텐베르크 프로젝트	-문학작품전자화, 배포 project -인식어려운부분 CAPTCHA 활용
의료분야	엘리자 (Eliza)	-인공지능 소프트웨어 -질문자 진술 키워드로 활용
	패리 (Parry)	-정신분열증(이상) 환자 묘사 프로그램 -엘리자와 대화 기록

- Turing Test는 20세기 중반에 제안된 기술이므로 최신 동영상, 이미지, 데이터로 Test 필요

"끝"

문12) Agent 1교시형

답)

1. 사용자가 원하는 작업 자동 수행 SW, Agent의 개요

가. 기존 경험에 대한 추론 → 결과반영 → 행동, Agent 정의

SW 내에 과거 학습 경험을 바탕으로 추론과 지각 능력을 탑재, 사용자 입장에서 자율적으로 수행하는 program

나. 에이전트(Agent)의 특징

자율성	반응성	능동성	상호작용성	적응성	이동성	유연성
스스로 판단	적절한 반응	선결론 행동	사용자와 대화	환경 적응	장소 무제한	확장성

2. Agent의 구조 및 종류

Agent의 구조	Agent의 종류	
통신 모듈 → (서비스 요구) 처리부 [Agent 엔진 ↔ 지식 DB] → (결과 전달) 통신 모듈	협동	타 Agent와 공동 작업 수행
	인터페이스	특정 응용 SW, system과 연동
	이동	NW상 한 Node에서 다른 노드로 이동
	정보/인터넷	정보원으로부터 정보 습득, 관리, processing 가능
	반응	상호 작용 가능, 외부자극에 반응
	혼성	협동+인터페이스, 이동+반응
	지능형	자율적 학습능력과 적응능력

3. Agent의 응용분야

분야	내용

인공지능분야	BigData 수집시 Agent 통해 수집
문서 오류 수정	Excel, Word 등 문서내 문구 자동 교정
인터넷 정보처리	정보 검색, 정보여과, 웹 Site Agent 등
전자상거래	상품추천, 비교구매, 물품배달 가능시간
사용자 I/F	Macro 통한 Service, 사용자 습성 파악
메세징	Messaging, 전화메시지, 온라인 메시지 처리

I/F = Interface "끝"

문13) Agent - 2교시형

답)

1. 사용자 대신 특수 목적 달성, Agent 개요

가. 자율 process(Autonomous 프로세스), Agent 정의

- Computing 환경에서 사용자 혹은 다른 프로그램을 대신해 특정한 일을 수행하는 자율적인 process

나. Agent Software의 특징

자율성	스스로 판단/동작
지능성	스스로 지식 터득
사회성	Agent간 상호작용
이동성	타 Host로 이동 작업 수행
능동성	스스로 목표 지향적 행동
반응성	시간상 적절히 반응
시간 연속성	지속 수행하는 데몬(Demon)
목표 지향성	고수준 작업 처리

2. Agent Software의 구조 및 기술요소

가. Agent Software의 구조

Server - DB 내에 존재: 지식베이스 ↔ Agent Engine

Server ↕ 통신 모듈

통신 모듈 ↔ Agent 응용 프로그램

통신 모듈 ↔ 조정자 ↔ 타 Agent

- Agent Engine의 내용을 통신 모듈을 통해 인터페이스

나. Agent의 구성요소

구성요소	설명	핵심기술
Agent Engine	-Agent 생성, 작업수행, 종료등의 작업 조정 - 제어 기능, 추론 능력 등 각각의 환경 정보 연계	검색엔진 제어 & 정보 제어
지식베이스	특정응용분야 해결위한 지식저장	MMDB
통신모듈	타 Agent & S/W와 통신	TCP/UDP
조정자	다른 Agent와 통신 & 프로토콜 컨버팅, 세션 연결, 인증, 해제 등	P2P 통신

다. Agent Software의 기술요소

구분	구성요소	설명
엔진 (Engine)	Rule DB	지식추론, 연역위한 추론 Logic
	Inference Engine	Sensor(센서)로부터 들어온 정보를 기반으로 상황(State)을 분석하는 Logic
지식 영역	지식 Map	특정분야 작업수행, 체계화된 지식영역
	Ontology	Agent S/W가 필요로하는 지식에 대한사전
에이전트 통신	KQML	-Knowledge Query Manipulation 언어 -지식과 정보를 공유하려는 Agent들에게 기초적인 구조를 제공하는 Agent간 통신언어
	ACL	-Agent Communication 언어 -미국방부에서 만든 Agent간의 통신언어

3. Agent 처리유형별 비교 및 기술

가. Agent 처리유형(숙고형, 반응형)의 비교

구분	숙고형 Agent	반응형 Agent
구성도	환경 → 감지기 → 환경의 상태인식 → 행동의 결과예상 → 추론 ← 목적; 추론 → 행동 → 환경	환경 → 감지기 → 환경의 상태인식 → 행동결정 ← 조건-행동규칙; 행동결정 → 환경
개념	행동수행여부를 결정하는Agent	Best Action Selector
행동결정	논리적 추론으로 결정	센서(Sensor)등 감지신호
특징	목적 미부합시 No Action	가장최선의 행동반드시수행
장점	추론과 행동학습→행동결정	환경변화에 빠르게 반응
단점	시간내 효과적인 추론필요	추론과정 미사용

나. Agent S/W의 유형별 기술

분류(Agent)	설명	특징
멀티 Agent	분산환경, Agent간 상호협력	KQML, ACL등
모바일 Agent	타킷서버를이동해 가면서 작업수행	Web모니터링서비스
인터페이스	Agent간 상호 Interface	WWW 탐색
학습	행동관찰, 맞춤형서비스	Web 마이닝
Desktop	OS에 상주한 S/W	응용프로그램Agent
Internet	인터넷&웹 정보 습득관리	Web Agent
협동	Agent간 필요시 도움	전자상거래 (가격비교 사이트)

4. Agent S/W의 장/단점, 해결방안

구분	설 명
장점	-필요한 정보수집시 시간절약, 전자상거래 활성화 기반 -상품비교 및 정보제공 용이
단점	-Agent의 서버 접근권한부여 & 서비스 거절 -타 Computer의 자료유출, 변조, 파괴, 탈취로 인한문제 -(신뢰성) Agent 프로그램 자체 오류로 인한 사고 발생 가능성. -N/W 부하증가
해결 방안	-접근 권한 제어로 일정영역만 활동 -Agent platform간 상호인증& Agent 자체 보안 기능 추가. -감사기능강화 & Log 기능강화

"끝"

문14) 킬 스위치 (Kill switch)

답)

1. 인공지능(AI)의 폭주 방지 대책, 킬 스위치의 개요

가. AI 통제 기술, Kill switch의 정의

- 인공지능 기술이 인간의 통제를 벗어날 경우 이를 제어하기 위해 로봇의 기능을 멈추게 하는 기술

나. Kill switch의 원래 의미

- 분실한 정보기기 내의 정보를 원격으로 삭제하거나 그 기기를 사용할 수 없도록 하는 기술.

2. 킬 스위치의 필요 이유 및 동작 절차

가. Kill switch의 필요 이유 (최소한의 안전장치 필요)

필요이유	설 명
SW 오류	AI 자체의 Software 결함 발생 시
사람을 적으로 인식	사람과 동등한 지능을 가진 AI가 사람을 적으로 인식하여 사람을 공격하게 되는 경우
악의적 해킹	Hacker가 자신의 욕심으로 인공지능을 해킹하여 오류 발생시키거나 불법 사용

나. Kill switch의 동작 절차

동작절차	내 용
결함발생	SW 오류나 해킹으로 인한 AI의 결함발생
AI통제불가	인공지능이 인간의 통제를 벗어난 상태 지속
킬스위치 작동	인공지능을 강제로 종료하기 위한 킬스위치 작동

인공지능복구	결함원인분석 & 오류 해결
인공지능 재실행	인공지능의 완전성(안전성) 여부 검토후 인공지능 기능 재 실행

- Kill Switch가 필요한 이유는 오류 발생시의 최소한도 내에서 안전장치 구동이 필요함

3. 킬 스위치의 시사점

- 강 인공지능 도래시 AI을 인간이 더이상 통제하지 못 할수 있다는 사상을 기반으로 Kill switch 연구가 진행
- 최악의 시나리오 대비하여 최소한의 안전장치인 Kill switch의 연구개발이 인공지능발전에 필요함

"끝"

문15) 트롤리 딜레마 (Trolley Dilema)

답)

1. 윤리학 분야의 사고실험, 트롤리 딜레마의 개요

가. Trolley(전동차) Dilema의 정의

다수인원 / 소수인원 / 스위치 작동 가능 / 트롤리 / 스위치작동은 어느쪽이 옳은가?	사람들에게 브레이크가 고장난 트롤리 상황을 제시하고 다수를 구하기위해 소수를 희생할수 있는지를 판단하게 하는 문제상황을 가리키는 말.

나. 트롤리 딜레마에서 인간의 판단

사람의 결정 / 윤리적 결정 → 이성적 판단 (사람뇌) → 활성화 판단 선택 ← 정서적 판단 (사람의뇌)	딜레마상황에서 윤리적 결정을 할때는 옳고 그름의 판단과는 별개로 뇌의 이성적/정서적 판단중 활성화된 쪽을 선택할 가능성이 있음.

2. 트롤리 딜레마와 유사한 신경윤리학 문제 사례

- 인공지능(A.I) 및 원격제어와 관련된 알고리즘의 작성시 트롤리 딜레마의 문제를 어떻게 처리해야 할지 Issue 사항임 (이성적판단 VS 윤리적판단)

무기로서의 드론제어	드론조작 미사일 발사시 감성적판단(인명피해) 없이 오로지 명령수행 (윤리적 갈등을 미루어 버림)
자율주행 자동차의 긴급 상황제어	고속이동 차량 앞에 다수의 사람등장, 회피 불가능시 차량은 전방의 다수의 사람과 운전자 중 희생자를 골라야 함.

3. 보편적 윤리와 상충되는 경우

- 정서적 판단의 개입이 줄거나 인공지능(AI) 같이 정서적 판단이 없는 기계에 의한 판단의 경우, 상황에 따라 윤리적인 문제가 발생가능하며 이를 기계의 알고리즘으로 이성적으로만 해결할 경우 보편적 윤리와 상충됨

"끝"

문16) 인공지능(AI) 윤리의 개념, 주요사례, 고려사항 및 추진방향을 설명하시오

답)

1. AI Kill Switch, 인공지능의 윤리의 개요

가. Safety AI, 인공지능 윤리의 정의

- A.I, 자율주행차, 로보어드바이저, 로봇, 지능형 개인비서 기기 등을 연구 개발하는 이해관계자 들이 준수해야 할 보편적 사회규범 & 관련 규칙 & 법·제도·규정 등

나. 인공지능(AI) 윤리의 개념적 범위

고의 — 인공지능 윤리 (AI Ethics)	오류/실수 — 인공지능 안전 (AI Safety)
정책적 대응 — 인공지능 윤리 / AI 안전	기술적 대응 — 인공지능 윤리 / 인공지능 안전 / 인공지능 안전

- R&D 및 제품/서비스 개발, 제품/서비스 상용화 및 활용

다. 인공지능 윤리(Ethics)와 안전(Safety)

AI 윤리	인공지능 개발자 및 사용자가 특정 및 의도를 가지고 악용하는 경우에 대응하는 영역
AI 안전	기술적 오류 또는 관련 이해관계자의 고의가 아닌 실수로 인해 생긴 사건/사고에 대응하는 영역

- 인공지능윤리와 AI 안전성의 범위(Range)를 규정하고 대응방안 수립

2. 인공지능(AI) 윤리의 주요사례

가. 해외 인공지능 윤리의 주요사례

구분	AI 윤리 사례	설명
AI 원칙	Google : 인공지능원칙발표 구글 자체 원칙	AI at google Our principle 발표
	M/S : 6가지 개발 원칙 제시	개발자가 준수해야 될 원칙(principle)
	IBM: AI위한 일상윤리발표	개발자에 가이드라인 제공
AI 전문가	KPMG : AI(인공지능) 윤리 전문가 선정	인공지능(AI) 윤리 전문가 채용
	우버 : 최고 준법 윤리 책임자 임명	신규 직책 생성, 의사 결정 참여
AI 전담 부서	구글: Google 딥 마인드 윤리 전담부서	DeepMind 윤리 & Society Unit
	MS: 인공지능(AI)윤리 위원회 신설	엔지니어링 및 연구 윤리부서

- 국내에서도 대기업/학회 등을 중심으로 총론적 차원에서 AI 윤리 정비중

나. 국내 인공지능 윤리 주요 사례

구분	AI 윤리 사례	설명
AI 원칙	카카오: AI알고리즘윤리헌장	알고리즘 윤리 관련 논의
	네이버: privacy By Design 원칙 적용	privacy 보호 관점 접근
AI 커뮤니티	삼성전자: AI컨소시엄 가입	인간과AI공존협력방안
AI 전담 조직	인공지능협회: AI윤리 공동선언문	AI윤리 + 교육포럼 진행
	인공지능법학회: AI 기술/법제도/정책	AI관련 이슈(ISSUe) 분석 대안 제시
	한국로봇학회: 로봇윤리 가이드라인	3대 기본 가치 + 5대 실천원칙

- 인공지능 윤리는 초기 정비 단계로 정부/기업/학계 측면에서 다양한고려 필요

3. 인공지능(AI) 윤리의 고려사항

가. 정부측면, AI 윤리고려사항

구분	고려사항	설명
국가 정책	AI 데이터 관련법 정비	데이터 3법, 빅데이터윤리등
	AI 윤리가이드라인 개선	지능정보사회 윤리 가이드라인 제시
법/제도	시급성/용이성/파급성고려 (정보보호법, 도로교통법 등)	EU GDPR 개인정보 이동권, 알고리즘투명성과 설명요구권
투자	AI 기초/원천기술 지속투자	더 강건한 AI AL 개발

알고리즘(Algorithm)

나. 기업측면, 인공지능(AI) 윤리고려사항

구분	고려사항	설명
개발자 원칙	기업 내부 윤리헌장/가이드 제시	카카오 윤리헌장 네이버 privacy 보호
기술적 대응	AI phobia(공포증)/특이점 기술적 예방조치	AI Kill switch, Safety AI, XAI
지속적 관리	AI 보안 거버넌스, 상벌제도운영	징벌적 과태료, 패널티 적용

정부/기업뿐만 아니라 학계/협회/기구에서 다양한 윤리지침/방법론 제시

다. 학계/협회/기구 측면, AI 윤리고려사항

구분	고려 사항	설명
윤리지침	윤리강령, 조항제시	UN: 살상로봇 개발 금지지침
윤리교육	윤리교육강화, 방법론연구	AI윤리교육주기적 시행
윤리 방법론	privacy 보호, Black box 방지	AI윤리수행 방법론 발표

- 인공지능(AI)의 특이점(Singularity)에 도달함에 따라, 인공지능 윤리 추진 방향도 지속적 관리 필요

4. 인공지능(AI) 윤리의 추진방향

- 해외 우수 사례 BM(Bench Marking)
- 정부/기업/학계/기관등의 솔선수범 자세 필요

인공지능 윤리 발전 방향

1.0	2.0	3.0
AI 자체윤리 (기계)	사람의 윤리 (개발/이용자)	산업분야별 윤리 (제조, 의료, 자동차등)

→ 해외우수사례 BM, 국내 AI 윤리사례보강

→ 정부/기업등 적극적인 참여와 소통강화

▷ 해외사례 BM, 국내 다양한 이해관계자 간의 윤리적 이슈논의 대응통한 발전기대

- AI 윤리적 이슈 및 논의 활성화 통한 지능정보화사회구현

"끝"

문 17) 이용자 중심의 지능 정보 사회를 위한 원칙

답)

1. AI 시대 이용자 권리와 이익보호, 지능 정보 사회 원칙의 배경과 원칙의 목적

배경	목적
- 공정하고 책임있는 AI 알고리즘 중요성 부각	- 지능 정보 사회 시대 적응
- 인간 의사 결정 보조 / 대체 혁신 서비스 출현 (AI 스피커등)	- 신기술의 위험으로부터 안전한 환경조성 - 지능 정보 사회의 공동 원칙

- 방송통신위원회에서 AI 시대 구성원이 지켜야 할 원칙 제시

2. 이용자 중심의 지능 정보 사회 위한 원칙의 주요 내용

주요 내용	상세 설명
사람 중심의 서비스 제공	지능 정보 서비스의 제공과 이용은 사람 중심의 기본적 자유와 권리를 보장, 인간 존엄성 보호
투명성과 설명 가능성	이용자 기본권에 피해 유발 시 예측, 추천, 결정의 기초 주요요인에 대한 설명 필요
책임성	지능 정보 서비스의 기능과 사람 중심 가치의 보장을 위한 공동 책임 인식, 법령과 계약 준수
안전성	지능 정보 서비스가 초래할수 있는 피해에 대한 자율적인 대비체계를 마련하고 서비스를 수립
차별금지	사회적 / 경제적 불평등이나 격차 초래 방지. 개발과 사용의 모든 단계에서 차별적 요소 최소화

참여	이용자 정책과정에 차별없이 참여가능 제공자와 이용자 간의 의사소통
프라이버시와 데이터 거버넌스	개발, 공급 & 이용 과정 개인정보 & 프라이버시 보호 구성원 간 지속적인 의견 교환 제시, Data 품질확보

3. 이용자 중심의 지능정보 사회를 위한 원칙의 시사점.

시사점	- 구성원들은 원칙에 입각하여 지능정보사회 가치 수호 - 향후 구체적인 AI 기술 / 서비스 규제 방향 결정
고려 사항	- 이용자 보호 위한 실질적, 지속적 협의 필요 - AI기술 개발 기업들은 추가논의에 적극 참여 등

"끝"

MEMO

인공지능 알고리즘 (Algorithm)

유전자 알고리즘, 그리디 알고리즘, 상관분석(Correlation Analysis), 회귀분석(Regression Analysis), 로지스틱 회귀분석, 군집분석(Cluster Analysis), 자카드계수, 해밍거리, 유클리디안 거리(Euclidean Distance), 마할라노비스거리, Apriori 알고리즘, 지지도(Support)/신뢰도/향상도(Lift), 앙상블학습(Ensemble Learning), Bagging과 Boosting, 랜덤 포레스트(Random Forest), 의사결정트리(Decision Tree), K-NN(K-Nearest Neighbor), 시계열 분석(ARIMA), SVM, 베이즈(Bayes) 정리, K-Means, DBSCAN, 차원 축소, 특징 추출, PCA, ICA, 마르코프 결정 프로세스, 몬테카를로트리탐색(MCTS), Q-Learning, Tokenization(토큰화)/N-gram, Word2Vec, Skip-gram 등에 대해 학습할 수 있도록 하였습니다. [관련 토픽 - 41개]

문 18) 유전자 알고리즘(Genetic Algorithm)

답)

1. 탐색& 최적화 문제 해결, 유전자 알고리즘의 개요

가. 유전자 알고리즘(Genetic Algorithm)의 정의

탐색과 최적화 문제 해결을 위한 알고리즘으로 진화론의 적자 생존과 자연선택의 유전학에 근거한 적응탐색 기법

나. 유전자 알고리즘(진화적 알고리즘)의 중심이론 Darwin 이론

구성 요소	설 명
적응도	개체가 장래의 세대에 영향을 주는 범위를 결정
생식 오퍼레이터	개체가 다음세대에 자손을 생성
유전자 오퍼레이타	부모의 유전자 정보로부터 자손의 유전자 정보를 결정

2. 유전자 알고리즘의 flow 및 알고리즘

시작 → 초기 집단 생성 → 적합도 평가 → 선택, 재생 → 교배 → 돌연변이 → 적합도 평가 → 종결 조건 (No → 적합도 평가, Yes → 끝)

<알고리즘>

```
procedure SGA()
  initialize(Population)
  evaluate(Population)
  while not (terminal condition
     Satisfied) do
    MatingPool = reproduce(Populuation);
    MutationPool = Crossover(MatingPool);
    Population = mutation(MutationPool);
    evalute(Population);
 end while
end procedure
```

3. 유전자 알고리즘의 장단점과 응용분야

장점	-복수개의 개체 선택 & 교배등의 조작, 상호 협력 탐색 -알고리즘 단순, 번거로운 미분 연산등이 불필요
단점	-개체수, 선택방법이나 교배법의 결정, 돌연변이의 비율등 parameter의 수가 많음
응용 분야	-비선형성과 불연속성이 강한 문제에 강점 -최적화, 디자인, 예측, 제어, 계획등에 사용

"끝"

문 19) 그리디 알고리즘(Greedy Algorithm)

답)

1. 순간 최적 해 도출, Greedy Algorithm의 정의 & 특징

정의	특징
특정 순간 최적해를 구하기 위해 최적성과 효율성 개선을 통해 최적의 해를 도출하는 알고리즘	- 최적성의 원리 - 최적 해 도출 - 효율성 개선

2. Greedy Algorithm 흐름도 및 수행절차

- Greedy Algorithm 흐름도 & 수행절차

flow(흐름도)	수행절차
시작	목표: 860원 거스름돈 최소 동전 수
문제 정의 (동전의 액면)	// 선택: 500원 / 100원 50원 / 10원
해 선택	// 현재 고를 수 있는 가장 큰 단위 동전을 하나 선택 (최소 동전 수가 목적이므로)
적합성 확인 (부적합 → 해 선택, 적합 → 해 검증)	// 설정한 돈이 거스름돈을 초과했는지를 검사, 초과했다면 제외하고 해 선택으로 이동
해 검증 (해 아님 → 해 선택, 정답 → 해 도출)	// 설정한 돈이 거스름돈 결과 일치하지 않으면 해 선택으로 이동
해 도출	// 해 도출 후 End
끝	

3. Greedy Algorithm의 소스 구현

```
#include <stdio.h>
int Com[4] = {500, 100, 50, 10}; //순서주의
int Count[4];
int main()
{
  int m=860, i=0, f=0; //m=목표거스름돈
                        //초기화(변수)
  while(i<4){           // Main Logic
    if(Com[i] > m)      // 최종해 도출때까지
      i++;              동전 선택 후 반복 차감
    else if(Com[i] < m){
      m -= Com[i]  // Com 값 차감
      Count[i]++;
    }
    else{
      f=1;              //printf문에서 활용
      Count[i]++;
      Break;
    }
  } //while문 End
  if(f)       // 각각의 동전 개수 확인
  {
```

```
printf("%d원 - %d개 \n", com[φ], Count[φ]);
printf("%d원 - %d개 \n", Com[1], Count[1]);
printf("%d원 - %d개 \n", Com[2], Count[2]);
printf("%d원 - %d개 \n", com[3], Count[3]);
return 1;
}
else {
printf("해를 구하지 못함.\n");
return φ;
}
}
```

4. 수행후의 배열 결과 및 변수 최종결과, 결과 값

Com 배열	Count 배열	m	i	f	최종결과
com[φ] = 500	Count[φ] = 1	φ	4	1	500원 1개
com[1] = 100	Count[1] = 3				100원 3개
com[2] = 50	Count[2] = 1				50원 1개
com[3] = 10	Count[3] = 1				10원 1개

"끝"

문 20) 상관 분석(Correlation Analysis)

답)

1. 두변수사이의 상관관계를 측정, 상관분석의 개요

가. 상관분석(Correlation Analysis)의 정의

하나의 변수와 다른 변수와의 어떤 밀접한 관련성을 갖고 변화하는가를 분석하는 방법으로서 두변수간에 어떤 선형적 관계를 갖고 있는지 상호관계 정도를 분석하는 통계적 기법

나. 상관분석의 종류

단순상관관계	두변수간의 상관관계
다중상관관계	두개 이상의 독립변수에 가중치를부여한상관관계
부분상관관계	어떤 변수를 통제한 상태에서의 두변수의 상관관계

2. 상관분석의 개념도및 관계분석

가. 상관분석의 개념도

연관성분석
변수의 척도
명목및 서열척도
교차분석
서열척도
스피어만 서열상관분석
등간및 비율척도 (비율)
제3변수의 통제여부
통제함
편상관분석
통제하지 않음
피어슨 상관분석

∴ 상관분석은 변수간의 선형관계를 분석하기 때문에 두변수간의 공분산(Covariance) 분석부터 시작됨

*공분산: 동시에 2개 변수 값들을 갖는 개별 관측치들이 각변수의 평균으로부터 어느 정도 산포되어 있는가를 나타냄

4. 관측치간의 선형관계

양(+)의 선형관계	음(-)의 선형관계	선형관계 없음
Positive 상관관계	Negative 상관관계	No 상관관계

3. 상관계수의 종류

Pearson (피어슨)	Spearman (스피어만)
- 상관분석에서 기본적으로 사용되는 피어슨 상관계수	- 스피어만 상관계수 (ρ : rho)
- 연속형 변수의 상관 관계 측정 (신장, 몸무게)	- 변수값 대신 순위로 바꿔서 이용하는 상관계수 (학교 등급, 졸업 Level)
- 모수 검정	- 비모수 검정

"끝"

문21) 회귀분석 (Regression Analysis)

답)

1. 대표적인 분류분석 기법, 회귀분석 (Regression분석)의 개요

가. 변수들 간 경향성분석, Regression Analysis의 정의

관찰된 연속형 변수들에 대해 두 변수 사이의 모형을 구한후 적합도를 측정해 내는 분석 방법

나. Regression Analysis의 표준 가정

선형성	오차항은 모든 독립변수값에 대해 동일한분산
정규성	오차항의 평균(기대값)은 0
정규분포	수집된 데이터의 확률분포는 정규분포
독립성	독립변수 상호간에는 상관관계가 없어야 함
No Noise	수집된 Data들은 잡음의 영향을 받지 않아야 함

2. 회귀분석의 유형 (Regression Analysis(이하 RA))

가. 독립변수의 수에 따른 유형

독립변수수	유형	회귀식 (사례)
독립변수 1개	단순회귀분석 Simple RA	$y = \alpha + \beta x + \varepsilon$ (y: 종속변수, α, β: 모회귀계수, x: 독립변수) (α, β, ε는 상수)
독립변수 2개이상	다중회귀분석 Multiple RA	$Y_i = \alpha + \beta_1 X_{1i} + \beta_2 X_{2i} + \cdots + \beta_k X_{ki} + \varepsilon_i$

- y = 절편, β는 기울기로 독립변수 1개를 가지는 회귀식은

가울기가 있는 직선의 상관관계를 가짐.

다. 종속변수의 형태에 따른 유형

연속형	범주형(이산형)
종속변수 Y가 확률값을 갖는 연속형 변수	종속변수 Y가 범주형(이산형) 변수
회귀분석, 직교회귀분석	로지스틱 회귀분석
종속변수 / 독립변수	1.0 / 사건 발생 확률 (종속 변수) / 0 저 / 독립변수 수준 / 고

- 직교회귀분석은 종속변수 Y값과 방정식간의 직각거리를 최소화하는 기법이며 로지스틱 회귀분석은 종속변수가 2개 이상인 다항 로지스틱 회귀분석과 분화(분류) 로지스틱 회귀분석으로

3. 변수와 관계의 이해

가. 변수(x, y와 같이 여러가지로 변함)의 이해

$y = 500x$ (y: 종속변수, 500: 상수, x: 독립변수) ← 변수: x, y / 상수: 일정한 값 / 관계식: 변수사이의 관계식

독립 변수	종속 변수
설명 변수	반응변수
예측 변수	목표 변수
방정식(관계식)에서 x값	관계식에서 Y값
Input	Output

4. 관계의 이해(도식을 통한 이해)

선형관계	비선형관계	단조관계
양의(+) 선형관계		

- 선형관계는 우측으로 가면서 높아지는 양의 선형관계 반대로 우측으로 가면서 낮아지는 음의 선형관계도 있음
- 단조관계는 독립변수와 종속변수가 동시에 증가하기는 하지만 비율로 증가하지 않음

4. 회귀식의 과적합 방지위한 정규화 선형회귀

가. 과적합과 부적합의 정의

과적합(Over-fitting)		- 학습데이터가 지나치게 잘 학습된 상태 - 데이터는 오류나 잡음을 포함할 개연성이큼. 학습데이터에 대해서는 매우 높은 성능보임. 학습되지 않은 데이터에 대해서는 성능확보 미흡
부적합(Under fitting)		- 학습 데이터(Data)를 충분히 학습하지 않은 상태
적합(good fitting)		- 적절하게 학습된 상태 +, o구분을 명확히 구분됨.

나. 정규화 선형회귀(Regularized Linear Regression)

- 선형회귀 계수(Weight)에 대한 제약조건을 추가함으로써 모형이 과도하게 최적화되는 현상, 즉, 과최적화를 방지하는 회귀분석 기법

다. 정규화 선형회귀의 유형

유형	설명	Python's 함수명
Ridge	가중치들의 제곱합을 최소화하는 것을 추가적인 제약조건으로 하는 기법	Ridge()
LASSO	- Least Absolute Shrinkage & 선택 operator 가중치의 절대값의 합을 최소화 하는것을 추가제약조건으로하는 기법	LASSO()
Elastic Net	가중치와 절대값의 합과 제곱합을 동시에 최소화하는 것을 추가 제약조건으로하는 정규화 선형회귀 기법	Elastic Net()

"끝"

문22) 로지스틱 회귀분석(Logistic Regression Analysis)

답)

1. 범주(범위)형 종속변수의 회귀식, 로지스틱 회귀분석의 개요

가. 로지스틱 회귀분석(Logistic Regression분석)의 정의

분석 대상들이 여러 집단으로 나누어진 경우, 독립변수의 선형 결합을 이용하여 개별관측치가 어느 집단에 속하는지 확률을 계산하는 분류기법

나. Logistic Regression의 특징

승산비	Odds Rate : 사건 발생 확률과 일어나지 않을 확률의 비
Logit & Log	0과 1 사이 값을 취하기 위해 log를 이용하여 변환(Logit 변환), 최종 로지스틱 함수를 얻어 분석에 이용

2. 로지스틱 회귀분석의 Graph 및 주요개념

가. 로지스틱 회귀분석의 Graph

확률 (probability): 1.0, 0.8, 0.6, 0.4, 0.2, 0.0

$$E(y) = \frac{e^{\beta_0 + \beta_1 x}}{1 + e^{\beta_0 + \beta_1 x}}$$

(로지스틱 함수)

x

나. 로지스틱 회귀분석의 주요개념

구분	설명	관련식
승산비	Odds Rate(OR)	odds =

승산비	어떤 사건이 일어날 확률과 일어나지 않을 확률의 비	$= \frac{P(y=1\|x)}{1-P(y=1\|x)}$
Log	log는 (-∞, ∞)의 값 가능하여 회귀 모형 성립이 가능	Log(odds) = Log(P/1-P)
Logit	Log 연산을 통한 Logit 확률(0~1)	logit(p) = log P/1-P

3. Logistic Regression에 사용되는 변수 유형

가. 연속형 변수유형 (회귀분석 위한)

- 연속형 변수
  - 종속변수가 연속형 변수 예) 매출액
- 숫자로 예측
  - 단순회귀분석
    - 독립(설명) 변수가 1개인 경우 Y=a+b*X
  - 다중회귀분석
    - 독립(설명) 변수가 2개 이상인 경우 Y=a+b1*X1+b2*X2+b3*X3

4. 이산형 변수

- 이산형 변수
  - 종속변수가 이산형 변수 예) 선호제품(A,B,C) 대출여부(Y,N) 대출상태(거절, 보류, 승인)
- Classification
  - 이항로지스틱 회귀분석
    - 종속 변수의 값이 2개인 경우 Y값 = 대출여부(Y,N)
  - 다항로지스틱 회귀분석
    - 종속변수의 값이 3개 이상인 경우 Y값 = 대출상태(거절, 보류, 승인)

4. 회귀분석의 실제 예시

가. 단순회귀분석

x(hours)	y(Score)
10	90
9	80
3	50
2	30

공부시간을 바탕으로 한 최종 시험 점수 예측

나. 이항로지스틱 회귀분석

x(hours)	y(Score)
10	P
9	P
3	F
2	F

공부시간을 바탕으로 한 합격(P)/불합격(F) 분류

다. 다항로지스틱 회귀분석

x(hours)	y(Score)
10	A
9	B
3	D
2	F

공부시간을 바탕으로 한 등급분류

"끝"

문 23) Cluster(클러스터) 분석

답)

1. 군집 데이터 대표값 → 전체 특성 파악, Cluster 분석 개요

가. Cluster Analysis의 정의 (군집분석의 정의)

전체 데이터를 몇개의 집단으로 그룹화하여 각 집단의 성격을 파악함으로써 데이터 전체의 구조에 대한 이해를 돕고자 하는 분석법.

나. 군집화(clustering)의 구분

군집화의 기준	동일한 군집에 속하는 개체는 여러 속성이 비슷하고 서로 다른 군집에 속한 관찰치는 그렇지 않도록 구성
군집화를 위한 변수 예 고객 세분화	-인구통계 변수: 성별, 나이, 거주지, 직업, 소득 등 -구매 패턴 변수: 상품, 주기, 거래액 등 -생활 패턴 변수: 라이프스타일, 성격, 취미 등

2. 군집분석의 사례 및 활용

사례

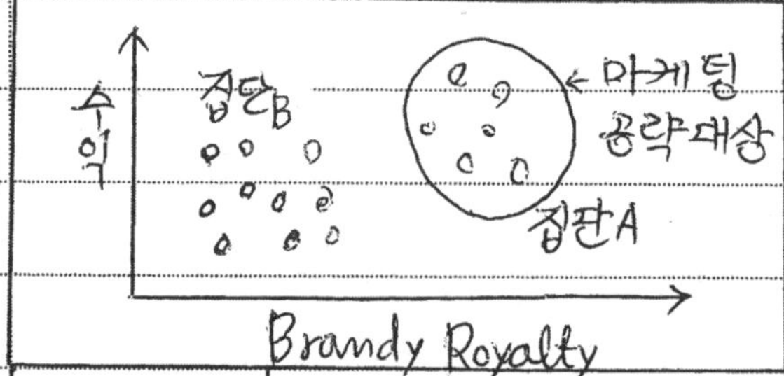

군집분석은 속성이 비슷한 잠재 고객들끼리 그룹화하여 시장을 세분화하는 방법에 자주 활용

활용

기업의 수익에 기여 정도	-우수고객의 인구통계적 요인, 생활 패턴 파악 -개별 고객에 대한 맞춤관리
구매 패턴	-신상품 판촉, 잠재고객관리, 지속관리 가능 -교차 판매를 위한 목표 집단 구성

구분	설명
탐색적인 기법	주어진 자료에 대한 사전 정보 없이 의미 있는 자료구조를 찾아 낼 수 있음
다양한 형태의 Data에 적용 가능	Distance(거리)를 잘 정의하면 → 모든 종류의 자료에 적용 가능
분석자에 의존	자료의 사전 정보 없이 자료를 파악하는 방법으로 분석자의 주관에 결과가 달라짐
분석방법 용이	분석방법의 적용이 쉬움
가중치&거리	가중치와 거리의 정의가 어려움
결과 해석	결과의 해석이 어려움
초기군집수K결정	초기 군집 수 k의 결정이 어려움.

"끝"

문 24) 군집분석(Cluster Analysis)

답)

1. 개체집합 내 유사성 분석, 군집분석의 개요

가. 군집분석(Cluster Analysis)의 정의

군집내 객체간 유사성과 군집간 상이성(이질성)을 규명하기 위해 관측치 또는 개체를 의미있는 몇개의 부분 집단으로 나누는 비지도 학습 기반의 분석 기법

- 군집분석이란 비슷한 내용을 묶고 다른 내용과는 멀리 하는 것

나. 군집분석(Cluster Analysis)의 특징

탐색적	사전 정보 없이 의미있는 자료구조 탐색
데이터	거리가 정의된 다양한 형태의 데이터에 적용가능
유사도	물리적 거리가 가까운 항목들은 동일 집단으로 묶음

- 비지도 학습 기반으로, 유사도 측정을 통하여 군집을 형성.

2. 군집분석(Cluster Analysis)의 거리

가. 군집분석(Cluster Analysis)의 거리척도

거리척도	측정값이 작을수록 비슷하다는 것을 의미함
유사도척도	값(Value)이 클수록 비슷한 것을 의미함
알고리즘	K-means, DBSCAN, GMM, 클러스터링 등

	구분	측정	설명
4. 거리 측정의 종류	유클리디안 거리	Data A / y / B x / C z	좌표상에서 데이터들 간의 직선거리를 의미함. $d(x,y)=\sqrt{\sum_{i=1}^{n}(x_i-y_i)^2}$
	맨하튼 거리 (Distance)	y / x	- 점선은 유클리디안 거리 - 절대값을 합산하는 방식, 실선은 모두 맨하튼 거리임. $d(x,y)=\lVert x-y \rVert = \sum_{i=1}^{n}\lvert x_i-y_i \rvert$
	마할라노비스 거리 (Mahalanobis)	C / B / A / 1 / -1 / 1	변수의 분산과 상관성을 고려한 거리 측정 방법으로 변수간의 상관관계가 있을때 유용함. $d(A,B)=(A-B)\Sigma^{-1}(A-B)^T$ Σ^{-1}=공분산행렬의 역행렬, T는 변환행렬

3 군집분석(Cluster Analysis)의 유사도 척도

구분	측정	설명
코사인 유사도 (Cosine Similarity)	A, B, θ, $\|A\| \cos\theta$	좌표상에서 데이터들 간의 Cosine 값 $\cos\theta = \frac{A \cdot B}{\|A\| \|B\|} = \frac{\sum_{i=1}^{n} A_i \times B_i}{\sqrt{\sum_{i=1}^{n}(A_i)^2} \times \sqrt{\sum_{i=1}^{n}(B_i)^2}}$
자카드 (Jaccard) 유사도	상품 A, 상품 B	집합 간의 교집합 크기를 이용해서 유사도를 측정하는 방법 자카드 유사도 $= \frac{A \cap B}{A \cup B}$ A={A상품을 구매한 소비자} B={B상품을 구매한 소비자}

- 유사도 척도는 값이 클수록 비슷한 것을 의미함

4. 군집분석(Cluster Analysis) 알고리즘

구분	설명	특징
K-means	· K개 평균값(중심점) 이용한 군집	· K값 명시적 지정 · Outlier 민감

K-means	· 대용량 데이터 처리	· 구형 분포에 부적절
DBSCAN	· 개체들의 밀도를 계산후 군집	- 다양한 분포 가능
	· cluster 형성 반복	- 범위(epsilon)
GMM (Gaussian Mixture Model)	- 가우시안 분포의 조합을 가정	- 분산이 일정하지 않은
	- 각 분포에 속할 확률 높은	유형도 분석 가능
	데이터 끼리 군집형성	- 계산량이 많음
계층	- 분포와 평균측정불가시 사용	- 반복(Repeat)적
clustering	- 유사도높은 개체순으로 계층구조	유사도 계산에 적용

- 데이터의 중복, 크기를 고려하여 군집분석 Algorithms 을 선택할 수 있음.

"끝"

문25) 계층적 군집분석 (Hierarchical-clustering)

답)

1. 병합(Agglomeration), 분할(Division), H-clustering 개요

가. 계층적 군집분석의 정의

가까운 관측값들끼리 묶는 병합과 먼 관측값들을 나누어가는 분할에 의해 계층적으로 전체군집들간 구조적 관계를 분석하는 기법

나. 계층적 군집분석의 분류

병합계층 군집화	단일개체로부터 시작하여 서로유사한 개체들끼리 병합하는 방법 (Agglomeration)
분할계층 군집화	단일그룹에서 시작하여, 두개의 하위 그룹으로 분할하는 방법 (Division)

2. 병합 방법 예시 및 설명

방법들	설명
최단거리 최장거리 중심거리	① n개의 Data를 각각하나의 군집으로 취급 ② n개의 군집중 가장 거리가 가까운 두개의 군집을 병합하여 n-1개의군집형성 ③ n-1개의 군집중 가장 가까운 두군집을 병합하여 군집을 n-2개로 줄임 ④ 이를 반복하여 계속수행후 군집수줄임 ⑤ 최단거리, 최장거리, 중심거리 등 여러방법 존재

3. 계층적 군집분석의 활용

- 주로 병합방법 활용함, 전체군집들간의 구조적 관계를 쉽게 (Easy) 살펴볼수 있음.
- 데이터가 불규칙하고 내부 특징이 알려지지 않은 분류 초기 단계에 적합
- 패턴인식, 시장과 고객분석, Text Mining 등에 활용

"끝"

문 26) 자카드(Jaccard) 계수

답)

1. 유사도 측정기법, 자카드(Jaccard) 계수의 개요

가. 비교 대상의 유사도 측정계수, 자카드계수의 정의

Boolean(0,1) 속성의 두개 오브젝트 A,B에 대하여 A와 B가 1(True)의 값을 가지는 교집합의 개수를 A와 B가 1(True)의 값을 가지는 합집합의 개수로 나눈수

나. Jaccard 계수의 수식

$$J(A,B) = \frac{|A \cap B|}{|A \cup B|} = \frac{|A \cap B|}{|A| + |B| - |A \cap B|}$$

2. Jaccard 계수의 예시

- User Based 데이터 셋 (구매 : 1)

	Item1	Item2	Item3	Item4
User1	0	1	0	1
User2	0	1	1	1
User3	1	0	1	0

- 위의 데이터 셋에서 사용자1과 사용자2의 Jaccard 유사도를 계산하면

$$J(A,B) = \frac{|A \cap B|}{|A \cup B|}$$

분모) |A∪B|, 즉 두사람이 산(구매) 상품의 합집합의 개수는 3

분자) |A∩B|, 두사람이 산 상품의 교집합의 개수는 2

Jaccard 유사도 값은 2/3 = 0.67 임

3 모든 사용자간 계산된 유사도

	User 1	User 2	User 3
User1	1.0	0.67	0
User2	0.67	1.0	0.25
User3	0	0.25	1.0

"끝"

문27) 해밍거리(Hamming Distance)

답)

1. Data간 유사도측정, 해밍거리의 정의

Data간의 유사도를 측정하기위한 방법 (전문가 시스템의 일종인 추천엔진에서 많이 활용됨)

2. Hamming Distance의 예시 및 구현 Code(Python)

가. 해밍거리의 예시 (동일크기문자열에서 가능)

두문자열	해밍거리	설명(해밍거리)
1ϕ11 & ϕ111	2	몇개의 문자를 바꿔어야
acdef & bcdxx	3	두문자열이 같아지느냐

나. Python의 Numpy 라이브러리 활용

```
import numpy as np                    //numpy 선언
a = np.array([1, ϕ, 1, 1])            // array(배열)선언
b = np.array([ϕ, 1, 1, 1])
np.Count_nonzero(a!=b)                // 문자비교
```

- 결과값 2 (AI, 보안등 Data유사도측정시 사용)

3. Hamming Distance의 활용사례

- 수신 Data의 오류 감지 & 수정에 활용 (NW/보안)
- 자연어처리: 데이터간의 형태적 유사성 계산 (AI)
- 유사도측정을 위해 협업필터링 등 추천시스템(추천엔진)의 Data 분석시 활용

"끝"

문 28) 유클리디안 거리 (Euclidean Distance)

답)

1. 유사도 측정기법, 유클리디안 거리의 개요

가. Euclidean Distance의 정의

- 피타고라스(phthagoras) 정리의 개념을 이용하여 두 점 사이의 거리 (Distance)를 측정하는 기법

나. 다차원 변수간 유사도 측정 기법의 종류

유클리디안 거리	피타고라스 정리 활용하여 거리측정
마할라노비스	공분산을 이용한 두지점간의 거리측정

2. Euclidean 거리 식과 예시

가. 유클리디안 거리 계산식

개념도	계산식
$x_B - x_A$, $B(x_B \cdot y_B)$, $y_B - y_A$, 거리 (A,B)= $\sqrt{(x_B-x_A)^2+(y_B-y_A)^2}$, A $(x_A \cdot y_A)$	$\sqrt{(p_1-q_1)^2+(p_2-q_2)^2+\cdots+(p_n-q_n)^2}$ $=\sqrt{\sum_{i=1}^{n}(p_i-q_i)^2}$

나. 예시 (아래 표에서 User1과 User2의 유사도 구함)

사용자 선호도 점수		Item1	Item2	Iteam3	Item4
	User1	5	1	1	4
	User2	4	1	2	3
	User3	1	2	4	1

- User1과 User2의 유사도 =

$= \sqrt{(5-4)^2 + (1-1)^2 + (1-2)^2 + (4-3)^2}$

$= \sqrt{3} = 1.7320$

- 유사도가 높을수록 1에 가깝고 낮을수록 0에 가까움
- 표현하기 위해 1/(1+d) 적용

= 1/(1+1.7320) =

= 0.366 (User1과 User2의 유사도)

3. 유클리디안 거리의 활용

- 변수들 간의 상관분석을 통한 통계분석에 활용
- 유사도 측정에 활용

"끝"

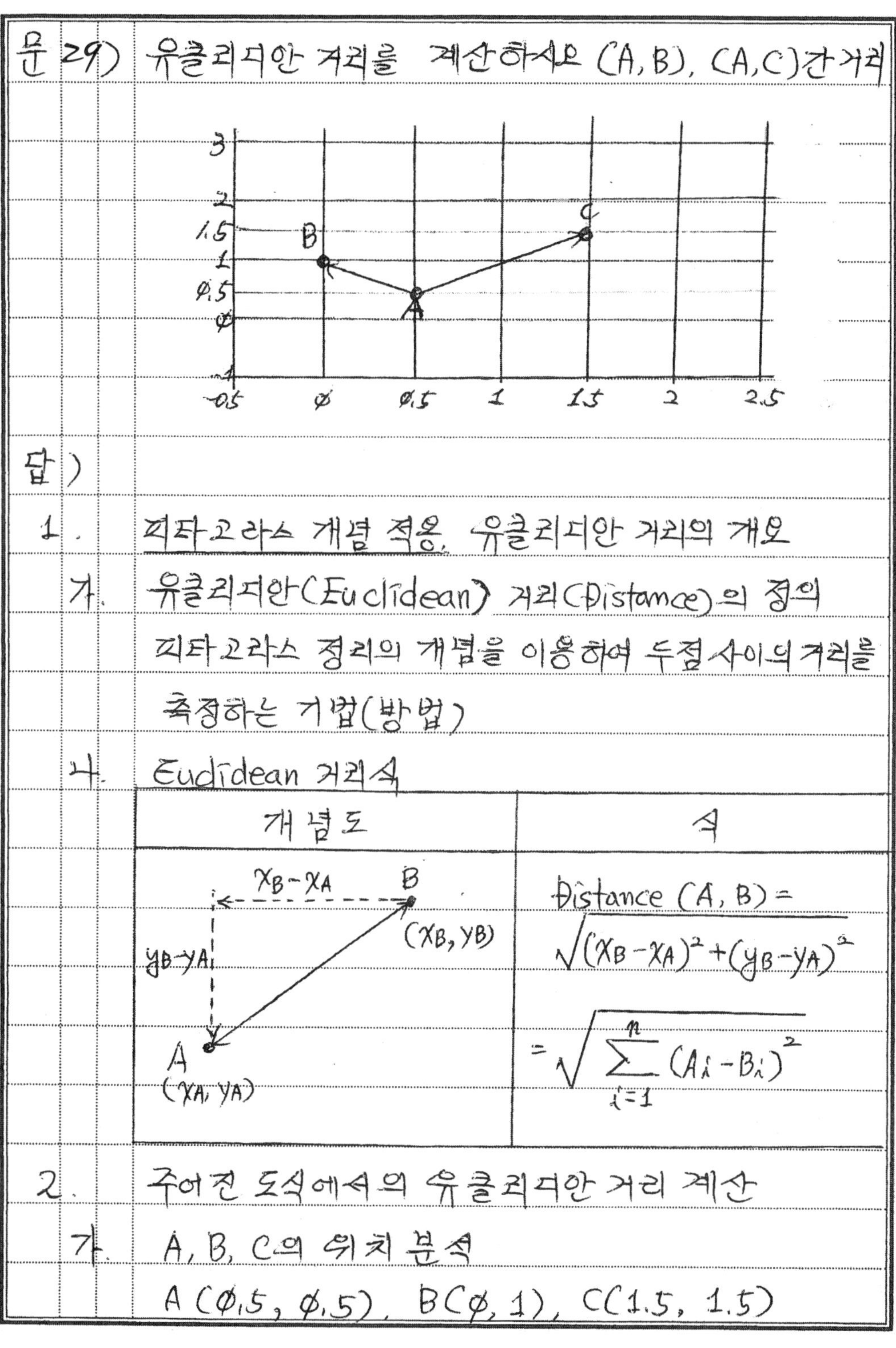

문29) 유클리디안 거리를 계산하시오 (A, B), (A, C)간 거리

답)

1. 피타고라스 개념 적용, 유클리디안 거리의 개요

가. 유클리디안(Euclidean) 거리(Distance)의 정의

피타고라스 정리의 개념을 이용하여 두점 사이의 거리를 측정하는 기법(방법)

나. Euclidean 거리식

개념도	식
$x_B - x_A$, B (x_B, y_B), $y_B - y_A$, A (x_A, y_A)	Distance (A, B) = $\sqrt{(x_B - x_A)^2 + (y_B - y_A)^2}$ $= \sqrt{\sum_{i=1}^{n} (A_i - B_i)^2}$

2. 주어진 도식에서의 유클리디안 거리 계산

가. A, B, C의 위치 분석

A (0.5, 0.5), B(0, 1), C(1.5, 1.5)

나. A, B간의 거리 계산

$$Euclidean(A, B) = \sqrt{(0.5-0)^2+(0.5-1)^2}$$

$$= \underline{0.707}$$

다. A, C간의 거리 계산

$$Euclidean(A, C) = \sqrt{(0.5-1.5)^2+(0.5-1.5)^2}$$

$$= \underline{1.414}$$

3. 유클리디안 거리 분석의 활용

- 객체간의 유사성 분석시 사용
- 집단 내의 동질성/이질성 분석에 활용

"끝"

문 30) 마할라노비스(Mahalanobis) 거리를 구하시오

(A, B), (A, C) 간 거리.

공분산 행렬은

$\Sigma = \begin{pmatrix} 0.3 & 0.2 \\ 0.2 & 0.3 \end{pmatrix}$

B, A, C

답)

1. 공분산 활용, Mahalanobis 거리의 개요

가. 마할라노비스(Mahalanobis) 거리의 정의

- 확률분포를 고려하여 공분산을 이용한 두 지점 간 거리측정

공분산: 확률변수의 상관정도를 나타내는 값으로 X의 편차와 Y의 편차를 곱한 것의 평균값

나. Mahalanobis 거리식

개념도	식
B ← A → C	변수의 분산과 상관성을 고려한 거리 측정 방식 $d(A,B) = (A-B)\Sigma^{-1}(A-B)^{T}$ (T: 변환행렬) ※ Σ^{-1}: 공분산 행렬의 역행렬

2. 주어진 도식에서의 마할라노비스 거리 계산

가. A, B, C의 위치분석

A(0.5, 0.5), B(0, 1), C(1.5, 1.5)

나. 주어진 공분산 행렬의 역행렬 구하기

A의 역행렬

$A=\begin{pmatrix} a & b \\ c & d \end{pmatrix}$ 일때 $A^{-1}=\frac{1}{ad-bc}\begin{pmatrix} d & -b \\ -c & a \end{pmatrix}$

$\Sigma^{-1}=\frac{1}{0.05}\begin{pmatrix} 0.3 & -0.2 \\ -0.2 & 0.3 \end{pmatrix}=\begin{pmatrix} 6 & -4 \\ -4 & 6 \end{pmatrix}$

다. 마할라노비스 거리 구하기.

구분	계산과정 & 결과
A, B간 거리	$(0.5\ \ -0.5)\begin{pmatrix} 6 & -4 \\ -4 & 6 \end{pmatrix}\begin{pmatrix} 0.5 \\ -0.5 \end{pmatrix}=5$
A, C간 거리	$(-1\ \ -1)\begin{pmatrix} 6 & -4 \\ -4 & 6 \end{pmatrix}\begin{pmatrix} -1 \\ -1 \end{pmatrix}=4$

- 유클리디안 거리비교시 반대 결과 나옴

즉, 상관에 따른 거리가 변할수 있음.

"끝"

문 31) Apriori (연관 규칙) 알고리즘

답)

1. 연관성 규칙 탐사, Apriori 알고리즘의 개요

가. 연관 규칙 발견, Apriori 알고리즘의 정의

- 연관 규칙(Association Rule)의 대표적인 형태로, 발생 빈도 기반 데이터 간의 연관 규칙 발견 알고리즘

나. 연관 규칙 발견 과정

후보 데이터군 —(최소한의 지지도 / DB 검색)→ 대용량 데이터군 —(↓ 최소한의 신뢰성)→ 연관 규칙

의미가 있는 후보 데이터군을 추출

- 대용량 Data : 트랜잭션 대상 최소지지도 이상 만족 집합 발견
- 연관규칙 발견 : 최소 신뢰도 이상 만족 항목 연관 규칙 생성

2. Apriori 알고리즘의 연관 정도 정량화 기준

구분	정량화 계산식	설 명
지지도 (Support)	S=P(X∩Y)	- 전체 거래 중 항목 X, Y 동시 포함 거래 정도 - 전체 구매도 경향 파악 - 이 데이터 분석이 과연 쓸만한지의 척도
향상도 (Lift)	L= P(X|Y)/P(Y) =P(X∩Y)/ P(X)P(Y)	- 항목 X 구매시 Y 포함하는 경우와 Y가 임의 구매되는 경우의 비 - L>1 (X 구매시 Y 구매확률 높음) - L=1 (X와 Y는 구매 관계가 없음) - L<1 (X와 Y들 중 하나만 구매확률 높음)

신뢰도 (Confidence)	C= P(X|Y) =P(X∩Y)/P(X)	-항목X포함 거래중 Y포함 확률 -연관성의 정도 파악 -X구매시 Y도 함께 구매할 확률

-Apriori 알고리즘은 후보집합 생성시 아이템 개수가 많아지면 계산 복잡도가 증가하므로 FP-Tree(Frequent-pattern Tree) 사용 필요

3 Apriori 알고리즘의 장/단점 및 활용사례

가. Apriori 알고리즘의 장/단점

장점	단점
-수많은 상품 연관 구매 패턴	-비즈니스 측면 중요한 현실적
-다른 연구 가설 탐지 가능	중요 연관 규칙 부족
-원리 간단, 이해분석용이	-연관규칙 결과 다량 발생

나. Apriori 알고리즘 활용사례

구분	활용 사례
통신	이탈고객 예상, 기지국 위치 선정 고려 등
금융	대출심사, 카드 연체 고객 예상 등
의료	환자 질병 예측, 약품 부작용 예상 등
유통	매장 진열 방법, 장바구니 분석 등

"끝"

문 32) 지지도(Support), 신뢰도(Confidence), 향상도(Lift)

답)

1. 제품간 & 사건사이의 연관성, 연관규칙의 개요

가. 연관규칙(Association Rule)의 정의

- 특정사건 (상품구매)들이 동시에 발생하는 빈도로 상호간의 연관성을 표현하는 규칙(Rule)

나. Data Mining, 연관규칙의 특징

유형 발견	대용량 DBMS 내의 단위 트랜잭션에서 빈번하게 발생하는 사건의 유형을 발견
장바구니 분석	동시에 구매될 가능성이 큰 상품들을 찾아냄 진열대에 상품을 어떻게 배치할 것인가 등

2. 연관규칙의 개념도 및 연관규칙 발견과정

가. Association Rule의 개념도

(Item set A) ⟶ (Item set B)

(If A then B): 만일 A가 일어나면 B가 일어남

- 연관규칙: 상품 A가 구매된 경우는 상품 B도 구매된다.

나. 연관 규칙 발견 과정

후보 데이터군 —DB검색 / 최소한의 지지도→ 대용량 데이터군

↓ 최소한의 신뢰성

연관 규칙

의미가 있는 후보 데이터군을 추출

대용량 데이터군 검색 - 트랜잭션을 대상으로 최소지지도 이상을 만족하는 빈발한 항목 집합을 발견하는 과정

연관 규칙 발견 - 발견된 다량 항목 집합내에 포함된 항목들중에서 최소 신뢰도 이상을 만족하는 항목들 간의 연관규칙을 생성하는 단계

3. 연관규칙의 정량화 기준

가. 지지도, 신뢰도, 향상도

구분	설 명	표현
지지도 (Support)	전체 거래 중 항목 X와 항목 Y를 동시에 포함하는 거래의 정도를 나타내며 전체구매도에 대한 경향 파악	$S = P(X \cap Y) = \frac{\text{(품목X와 품목Y를 포함하는 거래수)}}{\text{전체 거래수(N)}}$
신뢰도 (Confidence)	항목 X를 포함하는 거래 중에서 항목 Y가 포함될 확률 (연관성의 정도)	$C = P(Y\|X) = \frac{P(X \cap Y)}{P(X)} = \frac{\text{(품목X와 품목 Y를 포함하는 거래수)}}{\text{품목X를 포함한 거래수}}$
향상도 (Lift)	항목 X를 구매한 경우 그 거래가 항목 Y를 포함하는 경우와 항목 Y가 임의로 구매되는 경우의 비율	$L = \frac{P(Y\|X)}{P(Y)} = \frac{P(X \cap Y)}{P(X)P(Y)}$

4. 향상도(Lift/Improvement)의 의미

향상도	의미	예
1	두 품목이 서로 독립적인 관계	과자와 후추
>1	두 품목이 서로 양의 상관관계	빵과 버터
<1	두 품목이 서로 음의 상관관계	지사제, 변비약

4. 연관규칙의 장/단점

구분	내용	설명
장점	탐색적 기법	조건 반응(If~then) 연관성 분석
	비목적성 분석기법	목적 변수가 미존재
	사용편리	데이터 변환없이 Raw Data 그대로 사용
	계산 용이성	분석위한 계산이 비교적 간단
단점	많은 계산과정	품목수 증가시 기하급수적 계산늘어남
	의미없는 분석가능	너무 세분화된 품목시 무의미
	품목간 비율 차이	거래량이 적은 품목은 규칙 발견어려움

"끝"

문 33) 사례1(TV구입시 DVD구입), 사례2(우유구입시 주스구입)에 대해 연관규칙(지지도, 신뢰도, 향상도)를 제시 하시오.

<사례 1>

판매품목	거래수
TV구매	4,000
DVD구매	2,000
TV와 DVD동시구매	1,000
전체 거래수	10,000

<사례 2>

트랜잭션-ID	구매한 상품
101	우유, 빵, 주스
792	우유, 주스
1130	우유, 계란
1735	빵, 과자, 커피

답)

1. 지지도, 신뢰도, 향상도의 정의와 설명

구분	정의	설명
지지도	품목 X, Y를 동시에 구매하는 비율	$\frac{(X, Y \text{ 모두 포함하는 TR})}{\text{전체 TR}}$
신뢰도	품목 X를 포함하는 구매중에 Y가 포함되는 비율	$\frac{(X, Y\text{를 모두 포함하는 TR})}{X\text{를 포함하는 TR}}$
향상도	Y가 일어났다는 전제에 X가 일어나는 조건부확률	지지도 / (X포함 TR) * (Y포함하는 TR)

- TR = Transaction

2. 사례1 (TV와 DVD)연관규칙

구분	설명	계산결과

지지도 (Support)	전체 거래중 TV와 DVD를 구매한 비율	$\frac{TV\&DVD}{전체거래수} = \frac{1,000}{10,000} = 10\%$
신뢰도	TV구매 중에 DVD를 산(구매) 비율	$\frac{TV\&DVD}{TV} = \frac{1,000}{4,000} = 25\%$
향상도 (Lift)	TV를 사면 DVD도 같이 사는 경우의 비율	$\frac{0.1}{0.4 \times 0.2} = 1.25 > 1$ ← 연관성 있음

3. 사례 2 (우유와 주스) 연관 규칙

구분	계산	결과
지지도	(우유 + 주스 거래수) / 전체거래수	$\frac{2}{4} = 50\%$
신뢰도	(우유 + 주스 거래수) / 우유가 포함된 거래수	$\frac{2}{3} = 67\%$
향상도	지지도 / (우유구매확률 * 주스구매확률)	$\frac{0.5}{(0.75 * 0.5)} = 1.33 > 1$ ← 연관성 있음

"끝"

문 34) 앙상블 학습(Ensemble Learning)

답)

1. Combining Multiple 모델, 앙상블 학습의 개요

가. 분류후 예측→결합, Ensemble Learning의 정의

- 기계 학습의 분류 방법을 통해 여러개의 분류기(Classifier)를 생성하고 그것들의 예측을 결합함으로써 새로운 가설(Hypothesis)을 학습하는 방법

나. 앙상블 학습의 특징(Features)

다수결 활용	각 분류기 결과를 다수결에 따라 결정
낮은 정확도에서 효과	정확도가 낮은 경우에만 효과 있음
활용기법	의사결정 트리

2. Ensemble 학습 구성도와 실제 적용예시 설명

가. 앙상블 학습(Learning) 구성도(개념도)

Raw Data → 학습 → 샘플 Data → 분류기 1
샘플 Data → 분류기 2
.....
샘플 Data → 분류기 n
→ 앙상블 (결합후 다수결 사용, Voting(투표)) → 새로운 가설 (예측결정)
Input / Modeling / Output

- 복수개의 학습결과를 결합함으로써 결과적으로 보다 좋은 성능을 확보하기 위한 학습(Learning) 기법

나. Ensemble 실제 적용예시 설명

Raw Data(실제 Data)	A	B	B	A	A	B
Classifier 1	A	~~A~~	B	~~B~~	A	B

실제 Data	A	B	B	A	A	B
Classifier 2	B (X)	B	B	B (X)	A	B
〃 3	A	B	A (X)	A	B (X)	A (X)
〃 4	A	B	A (X)	A	B (X)	B
〃 5	A	A (X)	B	A	A	A
결합, Ensemble	A	B	B	A	A	B

- 결합후 다수결과 선택　　X : 학습오류

3. Ensemble Learning 종류

Bagging	병렬 앙상블, 각모델 서로독립적, Random Forest로 발전
Boosting	연속 앙상블, 이전 모델의 오류를 고려

- 학습결과의 다수결 선택 하여 정확도 향상 위함

"끝"

문35) 머신러닝(Machine Learning)에서 활용되는 앙상블(Ensemble) 기법을 설명하시오

답)

1. Machine Learning의 앙상블 개요

가. 신뢰성확보, 과적합문제 최소화. Ensemble의 정의

기계학습에서 하나 또는 다수의 모형을 통해 학습한 예측/분류를 종합하여 최종적인의사결정에 활용하는 기법(Bagging, Boosting, Random Forest 등)

나. Ensemble 기법의 특징

높은 신뢰성 확보	다양한 모형의 예측결과를 결합함으로써 단일 모형으로 분석했을때보다 높은 신뢰성 확보
과적합 최소화	이상치에 대한 대응력이 높아지고, 전체 분산을 감소시켜 과적합 문제 최소화

2. 앙상블(Ensemble) 기법의 학습절차

가. Ensemble 기법의 절차도

① 훈련집합 도출
- Raw Data
- 랜덤(Random) 도출

② 집합별 모델학습
- 예측모델
- 훈련집합 도출 Data 활용

③ 결과조합
각 모델 결과값의 평균 또는 적정 조합

↓ 결과

④ 앙상블 도출

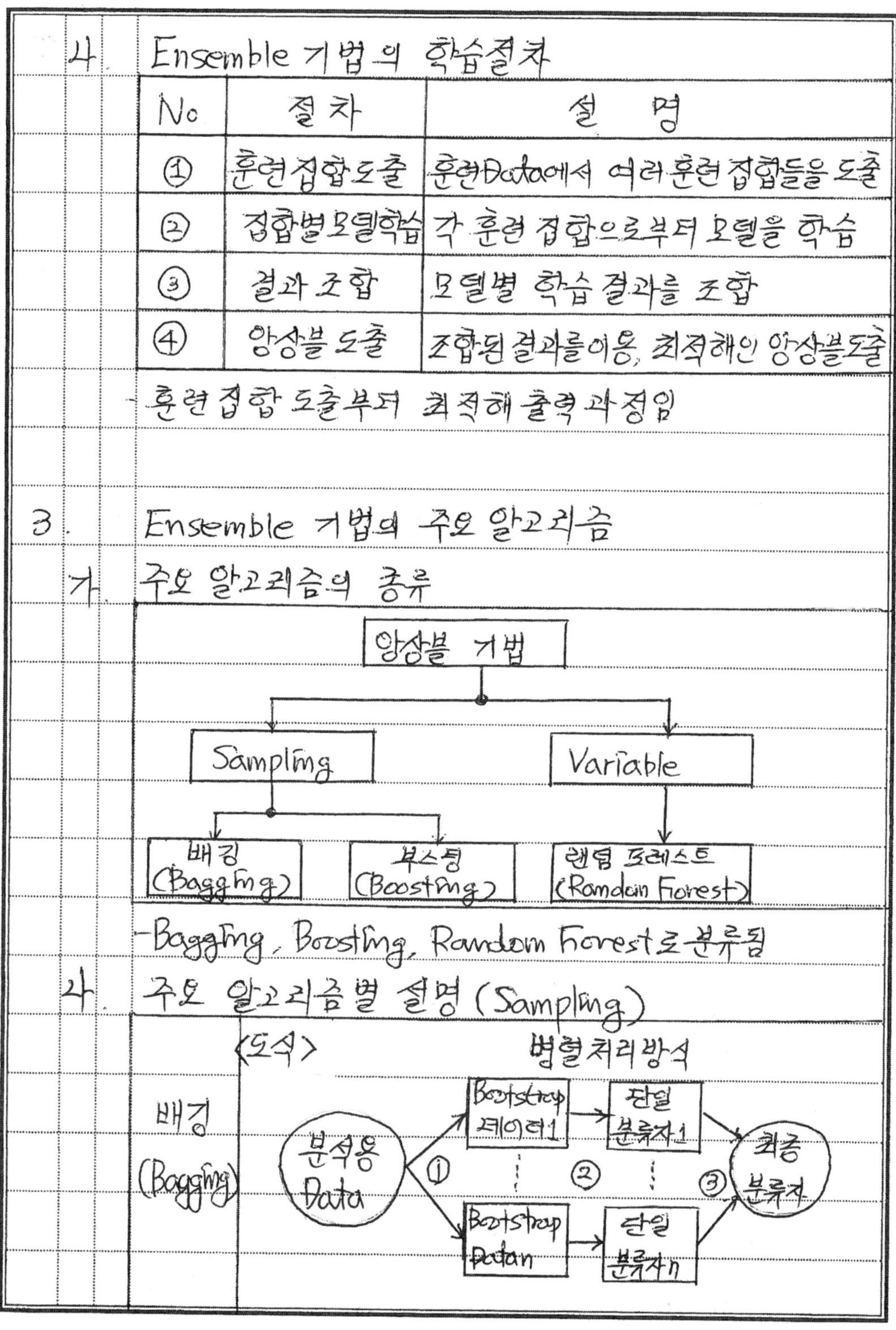

나. Ensemble 기법의 학습절차

No	절차	설명
①	훈련집합도출	훈련Data에서 여러 훈련 집합들을 도출
②	집합별모델학습	각 훈련 집합으로부터 모델을 학습
③	결과 조합	모델별 학습 결과를 조합
④	앙상블 도출	조합된 결과를이용, 최적해인 앙상블도출

- 훈련집합 도출부터 최적해 출력과정임

3. Ensemble 기법의 주요 알고리즘

가. 주요 알고리즘의 종류

- Bagging, Boosting, Random Forest로 분류됨

나. 주요 알고리즘별 설명 (Sampling)

	〈도식〉
배깅 (Bagging)	병렬처리방식

구분	항목	내용
배깅(Bagging)	정의	학습 데이터에서 다수의 Boostrap 자료를 생성하고, 각 자료를 모델링 한후 결합하여 최종 예측 모형을 만드는 알고리즘
	절차	① 분석용 Data로부터 N개의 BootStrap Data 추출 생성 ② Bootstrap Data에 적합한 모델 적용 N개 단일 분류자 생성 ③ N개의 단일 분류자 중 과반수 투표 통한 최종 모델 결정
부스팅(Boosting)		<도식> 직렬처리 방식 분석용 Data 1 →① 가중된 분석용 Data 2 …… ② 가중된 분석용 Data n →③ 최종 분류자
	정의	이전의 분석용 Data에 새로운 분류 규칙을 생성하여 가중치를 적용하는 과정을 반복하여 최종 모형을 만드는 알고리즘
	절차	① 동일한 가중치의 분석용 Data로부터 분류자 생성 ② 이전 분석용 데이터의 분류결과에 따라 가중치 부여 ③ 목표하는 정확성이 나올때 까지 N회 반복후 최종분류자 결정
랜덤 포레스트(Random Forest)		<도식> Instance Random Forest 탐색 Tree-1 class-A / Tree-2 class-B / …n개 …Tree-n class-n 과반투표 Final class

랜덤 포레스트 (Random Forest)	정의	Bagging과 유사하게 BootStrap 자료를 도출하여 각 자료를 대표하는 변수 샘플(Sample)을 의사결정나무의 Node로 분류하는 알고리즘
	절차	① 분석용 데이터로부터 N개의 BootStrap 데이터 추출 ② N개의 분류기들을 훈련후 대표 변수샘플 도출 ③ 대표 변수 샘플들을 의사결정나무의 Leaf Node로 분류 ④ Leaf Node들의 선형결합으로 최종모델 결정

4. Ensemble 기법의 분류기 선택시 고려사항

신뢰성 확보측면	분류기의 신뢰도를 기반으로 좋은 분류기를 찾아 조합하여 신뢰성 확보 필요
성능 측면	훈련 집합의 오차 관점이 아닌 성능을 기준으로 예측하여 훈련 모형의 예측력 강화 필요
정확도 측면	목표 정확도 설정하고 미달시 지속적으로 정확도 보완 및 경험치 축적 필요

"끝"

문 36) Bagging과 Boosting 비교설명

답)

1. 앙상블(Ensemble) 학습의 일종, Bagging 도식, 정의

정의 | 주어진 Data에 대해서 여러개의 Bootstrap (표본→전체분포예측)자료를 생성하고 각 Bootstrap 자료를 모델링한 후 결합하여 최종 예측 모형을 산출하는 방법

도식, 과정

2. 병렬 처리 방식이 아닌 직렬(순차)방식, Boosting 도식, 정의

정의	수행과정 도식
Model의 정확성을 향상하기 위해 오류로 분류된 개체 들에 가중치를 부여 함으로써 새로운 분류 규칙을 만드는 과정을 순차적으로 반복하여 약한 Model을 강한 분류 모델로 변환(Boosting)하는 알고리즘. 즉, Boosting 방법은 예측모형의 정확도를 향상시키기위한 방법	

- Raw Data에서 가중치를 추가하여 최종 모델 획득

3. Bagging과 Boosting 기법의 비교

구분	Bagging	Boosting
특징	병렬 앙상블(Ensemble) 모델 (각 모델은 서로 독립적)	연속 앙상블 모델 (이전 모델의 오류를 고려)
추구	안전성 추구	모델의 정확성 추구
목적	변동(Variance) 감소	편향(Bias) 감소
적합한 상황	복잡한 모델 (High Variance)	Low Variance(변동) High Bias 모델
알고리즘	Random Forest	Gradient Boosting
샘플링 (Sampling)	Random Sampling	Random Sampling with Weight on error

- 공통점 : 학습결과 결합 → 좋은 성능 확보 위함

"끝"

문 37) 랜덤 포레스트(Random Forest)

답)

1. 결정 트리(Decision Tree) 기반, Random Forest 개요

가. 다수의 결정 Tree 구성, Random Forest 정의

여러개의 결정트리들을 임의적으로 학습하는 방식(앙상블)
Bagging 보다 더 많은 임의성을 주어 학습기들을 생성 한후
이를 선형결합하여 최종학습기를 만드는 방법

나. Random Forest의 부각 배경

의사결정 트리한계극복	학습 데이터에 따라 생성되는 결정트리가 크게 달라져 일반화하기 어려운 과적합 문제 극복필요
과적합극복	임의적 학습통한 일반화 성능향상 → 과적합극복

2. 랜덤 포레스트(Random Forest)의 구성 및 동작

가. Random Forest의 구성

여러개의 결정트리로 학습후 최종(Final) Class 도출

4. Random Forest의 절차

단계	내용
데이터 집합 생성	Bootstraping을 통해 n개의 훈련데이터 집합 생성
훈련	n개의 기초분류기(Tree)들을 훈련
결합	기초분류기(Tree)들을 하나의 분류기로 결합 (평균 또는 과반수투표 방식을 이용)
최종도출	Final Class 도출

3. Random Forest 적용시 고려 사항

- 신뢰성 확보 측면 : Tree의 분류기반으로 적정조합 필요
- 성능측면 : 사전 성능 예측하고 실제와 비교분석, 점진적 성능 확보
- 탐색 측면 : Tree 탐색 알고리즘 (최적화) 고려

"끝"

문 38) 의사 결정트리 (Decision Tree)

답)

1. 분류와 회귀 (Regression) 모두가능, Decision Tree 개요

가. Tree 형태, 의사결정트리의 정의

- 특정 기준(질문)에 따라 데이터를 구분하는 모델
- 규칙 (Rule)을 바탕으로 순서도로 구축한 이진 트리

나. Decision Tree의 특징

통계학 기반	평균, 확률등의 통계학 개념을 기반으로 규칙생성
트리 모형	Tree 모형을 기반으로 규칙을 세분화
분류 목적	주어진 Data를 분류(Classification)하는목적으로사용

2. 의사결정트리의 구성도 예시및 설명, 형성과정

가. Decision Tree의 구성도 예시 & 설명

- 날개가 있는가? ---- Root Node : 분류를 위한 중요한 (형성) 변수 (최상위 Node)
  - True → 날수 있는가
    - T → 매
    - F → 펭귄
  - False → 지느러미존재?
    - T → 돌고래
    - F → 곰
- 중간 Node (가지치기) : 의사결정규칙에 사용된 변수의 경우의수
- Leaf Node : 최종분류 집단

나. 의사결정트리의 형성과정

분석단계	상세 활동	Node(노드)
의사결정	분석목적과 자료구조에 따라 적절한분리	Root Node
나무형성	기준과 규칙 지정	
가지치기	분류 오류 (Classification Error)가	중간 Node

가지 치기	늘거나 부적절한 규칙 제거	중간Node
타당성 평가	이익도표(Gains chart), 위험도표, 검정 자료에의한 교차 타당성이용(Decision Tree 평가)	Leaf Node
해석&예측	해석, 분류및 예측 모형 설정	Leaf Node

3. Decision Tree의 장단점

장 점	단 점
-모형의 이해도 쉬움	-최적해 보장못함
-두개이상의 변수가 결과영향 파악 가능	-비연속성 분류

"끝"

문39) K-NN(K-Nearest Neighbor)

답)

1. 측위 기반의 K-NN 알고리즘의 개요

가. 클러스터(cluster) 매칭원리, K-NN 알고리즘의 정의

새로운 FingerPrint(지문,표기)를 기존 Cluster 내의 모든 데이터와 Instance(기존값) 기반거리를 측정하여 가장 많은 속성을 가진 Cluster에 할당하는 군집 알고리즘

나. K-Nearest Neighbor의 특징

특징	설명
인접 다수결	가장 가까운 K개의 데이터를 측정하여 분류
유사도(거리)기반	유클리디안거리, 코사인유사도등을 활용
Lazy(느슨한) 학습기법	새로운 입력값이 들어온후 분류시작
단순유연성	단순모형, Parameter의 설정이 거의 없음
NN 개선	KNN은 가장 근접한 K개의 데이터에 대한 다수결 내지 가중합계 방식으로 분류

NN=Nearest Neighbor의 약자

다. K-NN 알고리즘에 대한 거리의 개념

구분	설명
유클리디안 거리	점과 점간의 최단 거리
마할라노비스 거리	두모집단들을 판별하는 문제에서 두집단 사이의 거리(확률분포를 고려한 거리)
코사인 유사도	내적공간의 두 벡터간 각도의 코사인값을

코사인유사도	이용하여 측정된 Vector간의 유사한 정도

2. KNN 알고리즘의 동작원리

가. K값 결정과 분류의 원리

- 새로운 Fingerprint(원)을 네모& 삼각형의 클러스터(cluster)에 매칭(Matching)하는 원리

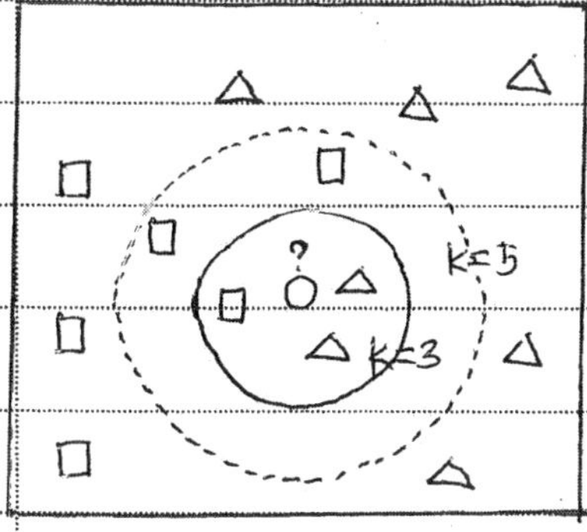

1) 새로운 Fingerprint(물음표원)확인
2) 거리기반 K개 데이터를 Training Set에서 추출
3) 추출 데이터를 클러스터, Label확인
4) 다수결에 의한 클러스터 매칭

- 결과, 새로운 Fingerprint는 K가 3인 경우는 삼각형, K가 5인 경우는 사각형 클러스터(cluster)에 매칭됨

나. K-NN 알고리즘의 동작원리

동작원리	설 명
Finger-print 확인	-새로운 Input(입력)값 확인 -가까운 데이터는 같은 Label(클러스터 가능성 큼) -기존 Data와 새로운 Fingerprint와 비교준비
명목변수 기반의 그룹분류	-기존의 저장되어 있는 데이터 셋의 Label 확 -서로 다른 범주 Data를 정규화 수행 -분류기 검사수행(예: Data의 90%를 훈련 데이터, 10%를 테스트로 활용)

거리 측정	-유클리디안 거리 (Euclidian's distance) -메모리기반 Fingerprint와 모든 Data간의 거리계산 -계산된 거리의 정렬 수행
K 선정	-양의 정수값, 정렬된 거리중 가장 가까운 K개 Data 선정 -여러 K값을 모델링후 가장 성능이 좋은 K값 선정 -Noise 클수록 큰 K값 선정이 좋음 (커버능력 확보)
클러스터 매칭	-다수결(Majority voting) 기반의 클러스터 매칭 수행, K개 데이터가 많이 속해 있는 Cluster로 분류 -수치형 Data의 경우, K개 데이터의 평균(또는 가중평균)을 이용하여 Cluster에 매칭

3. K-NN 알고리즘의 장/단점

가. K-NN 알고리즘의 장점

장점	설명
효율성	-훈련 데이터에 잡음이 있는 경우에도 적용가능
결과 일관성	-훈련 데이터의 크기가 클수록 효율적임 -데이터수가 무한대로 증가시 베이즈오차율보다 좋음 -임의의 K값에 대해 베이즈오차율에 항상 근접
학습간단	모형이 단순하고 쉬운 구현 가능
유연한 경계	-거리의 변형, 가중치 적용용이 -유클리디안, 코사인유사도, 가중치적용등용이

모델의 유연성	-데이터의 가정 반영 및 변형이 간편 -변형 데이터의 Training Data Set 기반 분류 용이
높은 정확도	-사례 기반으로 높은 정확성 -훈련 Data 클수록 Cluster 매칭 정확성 좋아짐

4. K-NN의 단점

단점	설명
성능 가변성	-K값 선정에 따라 알고리즘의 성능이 좌우됨 -K값 최적화, Under/overfitting 고려 필요
높은 자원요구량	-Data Set 전체를 읽어서 메모리에 기억 -새로운 개체 n을 읽어서 메모리 내의 Data Set과 비교
고비용	-모든 훈련(Training) 샘플과의 거리를 계산 하여야 하므로 연산비용(Cost)이 높음
공간예측 부정확	-공간 정보 예측 모델에서는 영향 변수 많아 적용 어려움
거리계산 복잡성	모든 Data와의 유사도, 거리측정 수행 필요
Noise에 약함	-Noise로 인해 큰 K 설정을 필요로 함 -민감하고 작은 Data가 무시되는 Underfitting 문제

4. K-NN 알고리즘의 활용 방안

활용방안	설명	사례
위치 측위	이동객체 위치에서 AP 신호강도 측정 KNN 활용하여 이동객체 위치 추정	Wi-Fi RLS 기술
선호도 분류	사용자 추천/구매정보 등	내용기반 추천시스템

Data 필터링	포털등의 중복, 유사게시글 필터링	문서분류시스템
고속도로 통행시간 예측	구간 단면교통량(TCS) 및 DSRC 구간 통행시간의 실시간 자료를 K-NN 기반으로 분석	차량근거리 무선통신(DSRC) 활용통행시간예측

"끝"

문 40) 시계열분석

답)

1. 분석 알고리즘, 시계열 분석의 개요

가. 시계열 분석(Time Series Analysis)의 정의

- 시간의 흐름에 따른 데이터의 변화 추이 또는 패턴을 찾아 미래를 예측할 수 있는 분석기법

나. 시계열 분석기법의 종류

시계열분석기법
- 자기회귀모형 — AR Auto Regression Model
- 자기이동평균모형 — MA Moving Average Model
- 자기회귀이동평균모형 — ARMA Auto Regression Moving Average
- 자기회귀누적이동평균모형 — ARIMA Auto Regression Integrated Moving Average

2. 시계열분석 위한 원리 - 정상성, 변동요인

가. 정상성(Stationary)

의미	시점에 상관없이 시계열의 특성이 일정함
예시	① 평균(Average)이 일정하다 ② 분산이 시점(특정시점)에 의존하지 않는다 ③ 공분산은 단지 시차에만 의존하고 시점자체에는 의존하지 않는다

- 정상성은 위의 ①②③개의 조건을 말하며 정상성 조건을 하나라도 만족하지 못하는 경우의 시계열 자료를 비정상 시계열이라고 함

나. 변동요인들의 설명

변동요인	설명
추세 변동요인	인구변화, 기술변화, 생산성증대 등 장기적인 변동으로 통상 10년 이상의 변동주기를 가지는 변동요인
순환 변동요인	경기순환 등에 따라 반복(Repeat)되는 변동으로 2년~5년 주기로 변화하는 변동요인
계절 변동요인	계절의 변화 및 각종 관습에 의해 생성되는 1년 주기로 반복되는 변동요인
불규칙 변동요인	추세, 순환, 계절 변동요인이 아닌 돌발적이거나 원인 불명의 요인에 의거하여 발생하는 변동요인

- 위의 4가지 변동요인은 시간에 따라 전개되는 특성과 주기적으로 변동하는 특성을 고려 (대부분의 시계열 자료는 비정상시계열임)

3. 시계열 분석 위한 원리 - 안정/불안정, 차분/변환 등

가. 안정시계열과 불안정시계열

안정시계열(Stationary)	불안정시계열(non stationary)
- 움직임이 구간마다 달라지더라도 매구간별 특성은 동일. - 시계열의 평균과 분산이 시간에 따른 규칙적인 변화가 없고 주기적 변화도 없는 시계열	- 시계열의 평균&분산이 시간에 따라 변화하는 시계열 - 추세변동/계절변동요인이 뚜렷한 경제시계열은 대체로 불안정시계열임.

-시계열의 흐름을 보다 정확히 파악하기 위해 시계열에 대해 변수변환 등을 사용함

나. 차분, 지수평활화, 변수변환

구분	설명
차분	(현시점 - 과거시점)자료를 차감하는 기법 시계열 정보가 AS-IS 대비 TO-BE 증감 파악
지수 평활화	-주기 짧은 변동요인 제거 후 흐름 파악 -중심화이동평균, 후방이동평균, 가중이동평균 등
변수 변환	-로그(Log) 등 수학적 함수를 이용, 큰 변동값은 작게, 작은 변동값은 크게 만들어 선형적 분석 가능

4. 시계열 분석의 활용 사례

분야	활용 사례	특징
국가 경제	GDP(국 총생산), 소비자 물가지수, 환율, 실업률 등	예측기반 정책 수립
기상	강수량, 강우량, 기온, 습도 등	농업, 어업, 관광업 등
기업경제	매출, 영업이익, 손익분기점 등	이익극대화 등

"끝"

문 41) 시계열분석(ARIMA)

답)

1. 자기회귀누적 이동평균모형, ARIMA 모형의 개요

가. Auto Regression Integrated Moving Average, 정의

시간의 흐름에 따른 데이터의 변화 추이 또는 패턴을 찾아 미래를 예측할 수 있는 분석기법

나. 시계열분석 모형의 종류

AR	현시점 자료가 과거 자료들의 설명 가능
MA	현시점의 자료와 바로전(과거) 자료의 결합으로 구성
ARMA	AR, MA 모형 시계열모형 모수 최소화, 효율적 수행
ARIMA	시계열을 차분해서 ARMA 모형이 되는 모형

2. ARIMA Modeling 과정

데이터
↓ Data
모델(모형) 식별 → - 정상시계열 (추세일정 등)
- 비정상시계열 (시간대별 등 평균변화, 분산변화, 추세가짐)
↓ Identification
모형의 추정 → 모수를 추정 (조건부 최소제곱등)
↓ Estimation
모형의 진단 → 추정식결과 잔차 활용 최종모형 선택
↓ Diagnostic checking
최종모형선택

3. ARIMA 절차 및 활용

가. 시계열분석. ARIMA 절차

```
PROC ARIMA options          // 자료명지정, 기억장소등
  IDENTIFY VAR = 변수 options // 분석위한 변수지정
  ESTIMATE options;          // 모수추정, 유의성, 잔차분석
  FORECAST options;          // 예측값, 예측구간 구함
```

4. ARIMA 활용

국내총생산 (GDP), 소비자물가지수, 환율, 실업률과 같은 경제활동분야, 강수량, 기온등 기상분야, 매출, 영업이익 예측등 다양하게 활용됨.

"끝"

문42) Support Vector Machine(SVM)

답)

1. Support Vector 활용, SVM의 개요

가. 분류오차 최소, 여백최대. SVM의 정의

- 분류오차를 줄이면서 동시에 여백을 최대로 하는 결정경계(Decision Boundary)를 찾는 이진분류기

나. 여백(Margin)과 서포트 벡터(Support Vector)

여백(Margin): 결정경계와 가장 가까이 있는 학습 데이터까지의 거리.

서포트벡터: 결정경계로 가장 가까이에 있는 학습 데이터들

초평면 = Optimal Hyperplane(Support vectors를 2개로 분할하는 초평면(결정경계)

2. SVM의 학습예시 와 설명

입력 Data x	출력 Data t
$X=\begin{bmatrix}1&6\\1&8\\4&11\\5&2\\7&6\\9&3\end{bmatrix}$	$t=\begin{bmatrix}1\\1\\1\\-1\\-1\\-1\end{bmatrix}$

3. SVM의 활용

- SVM은 기본적으로 초평면(Hyperplan)을 사용하는 선형분류기법이지만 커널함수(고차원 변환)를 통해 저차원의 데이터를 고차원으로 매핑하여 선형분류 가능 즉, 고차원 데이터의 분류에 최적

예)

"끝"

문 43) SVM(Support Vector Machine)-서포트 벡터 머신

답)

1. 지도학습, 예측적분류. 서포트 벡터 머신의 개요

가. 서포트 벡터 머신(Support Vector Machine)의 정의

- 주어진 Data 집합을 바탕으로 하여 새로운 데이터가 어느 카테고리에 속할지 판단하는 비 확률적 이진 선형 분류 모델을 만드는 분류 모델 알고리즘

나. Support Vector Machine 특징

(그림) x2, x1, Optimal Hyperplane(최적의 초평면)	분류기반	Data 집합을 2개의 분류로 분할 (최적의 초평면 사용)
	회귀분석	Data를 2개의 분류로 나누는 초평면회귀식활용

2. 서포트 벡터 머신 개념도 및 기술요소

가. Support Vector Machine의 개념도

Margin(여백)
W
x2
결정적선 (Decision Boundary) $W^Tx = 0$ (초평면=0)
Optimal Hyperplane (초평면) 최적의
Support Vectors
Negative 평면 $W^Tx = -1$
Positive 평면 $W^Tx = 1$
x1

SVM : Vector들이 Margin을 구하는데 Supporting 함.

- 기존 분류기(Bagging, Boosting시 사용)는 오류율을 최소화 하는 방법인 반면 SVM은 여백(Margin)을 최대화 하여 일반화(Data 분류) 능력을 극대화

4. Support Vector Machine의 기술요소

기술요소	설 명	비 고
Hyperplane (평면)	데이터를 두 클래스중 어느곳에 속하는지를 결정하기위한 최적의 분류 기준선	optimal, Positive, Negative
Optimal Hyperplane (최적평면)	Decision Boundary로 여백(Margin)폭이 최대인 평면 (그림에서 점선 표시)	WTx = ∅
Margin (여백)	Positive - Negative = 여백, 데이터(Data)를 두클래스로 구분하는 최대 거리	최대 마진분류
Support vectors	-초평면은 하나의 회귀식(y=wx+b) -초평면 위쪽 y>∅, 아래쪽 y<∅, positive 평면과 Negative 평면을 접었을때 중간값 이 Support vector임	wx+b=∅ wx+b>=1 + + + + + - - - - - - wx+b<=-1
결정 직선	클래스간 최대 Margin을 갖는 경계선	$W^Tx=\emptyset$
커널함수	비선형패턴분리위해 비선형패턴입력공간을 선형패턴으로 변환, 경계면 탐색방법	$K(x_i, x_j)$

3. SVM 문제점 및 해결방안

문제점	설명
비선형시 분류하기 어려운 문제	Input space → ϕ → Feature Space 비선형시 분류 어려움
해결방안	비선형 분류 어려움 → 저차원의 입력 X를 고차원의 공간의 값 $\phi(x)$로 변환

4. SVM의 학습예시

가. Data Class

- 부류 1 (+1) : (1, 6), (1, 8), (4, 11) ← x1
- 부류 2 (−1) : (5, 2), (7, 6), (9, 3) ← x2

나. 입력데이터 X와 출력 데이터 t

입력 데이터 X	출력 데이터 t	커널함수 (모델 생성)
X={1 6; 1 8; 4 11; 5 2; 7 6; 9 3}	t={1; 1; 1; -1; -1; -1}	$h(x) = w \cdot x + b$
$X=\begin{bmatrix} 1 & 6 \\ 1 & 8 \\ 4 & 11 \\ 5 & 2 \\ 7 & 6 \\ 9 & 3 \end{bmatrix}$	$t=\begin{bmatrix} 1 \\ 1 \\ 1 \\ -1 \\ -1 \\ -1 \end{bmatrix}$	

"끝"

문44) 베이즈(Bayes) 정리

답)

1. 미래 확률 추론 가능, Bayes 정리의 개요

가. 사후확률 미리추론, 베이즈정리의 정의

A1 — A2 — B / S(표준공간)	- 표준공간 S는 서로소인 $A_1, A_2 \cdots A_n$의 합집합 - B는 S위에서 정의된 사건 $P(A) \neq \emptyset$

A1영역 B확률 : $P(A_1|B) = P(A_1 \cap B) / P(B)$

나. Bayes정리의 특징

불확실성 추론	직접관측으로 쉽게 얻을수 없는 현상추론 용이
사후확률	사전지식 $P(A|B)$으로부터 사후확률 $P(B|A)$추론

2. Bayes 정리의 추론과정 및 수식

가. Bayes정리의 추론과정

① 사전확률 (prior)	+	② 가능성 확률 (likelihood)	→	사후확률 (posterior)
관측자가 이미 알고 있는 사건 → 확률 $P(A_1), P(A_2), \cdots P(A_n)$		이미 알고있는 사건이 발생했다는 조건하 → 다른사건 발생확률 $P(A_1|B), P(A_2|B) \cdots$		①과②를 통해 알게되는 조건부확률 $P(A_k|B)$ k=1,2…

나. 베이즈(Bayes) 정리의 수식

(그림: S(표준공간), A1, A2, B←사건)

$P(A_1|B) = P(A_1 \cap B) / P(B)$

// $P(B) = P(A_1 \cap B) + P(A_2 \cap B)$

// $P(A_1 \cap B) = P(A_1|B) P(B)$

$P(B \cap A_1) = P(B|A_1) P(A_1)$

$P(A_1|B) = P(A_1 \cap B) / P(A_1 \cap B) + P(A_2 \cap B)$

$$p(A_1|B) = \frac{P(A_1|B)\,P(B)}{P(A_1)P(B|A_1) + P(A_2)P(B|A_2)}$$

다. Bayes 정리의 의미

사전확률		가능성확률		$P(A_1B) = \frac{P(A_1 \cap B)}{P(B)}$
$P(A_1), P(A_2)$ ...	+	$P(A_1\|B), P(A_2\|B)$ ..	⟶	(사후확률)

- 사전확률과 가능성확률로 사후확률 구함

3. 베이즈 정리의 활용

- 특수기호 활용 스팸 메일 필터링 (Filtering)
- Keyword 검색을 활용한 문서분류(classifier)
- 사후확률 추론 등

"끝"

문 45) 크기와 모양이 같은 공이 상자 A에는 검은공 2개와 흰공 2개, 상자 B에는 검은공 1개와 흰공 2개가 들어 있다. 두 상자 A, B중 임의로 선택한 하나의 상자에서 공을 1개 꺼냈더니 검은공이 나왔을때, 그 상자에 남은 공이 모두 흰 공일 확률은? (베이즈(Bayes) 정리를 활용하시오)

상자 A

상자 B

답)

1. 사후 확률 추론 가능, Bayes 정리

A1, A2, B, S(표준공간)	-표준공간 S는 서로소인 $A_1, A_2 \cdots A_n$의 합집합 -B는 S위에서 정의된 사건 $P(A) \neq \phi$

A1 영역에서 B 발생확률 $P(A_1|B) = P(A_1 \cap B)/P(B)$

① $P(B) = P(A_1 \cap B) + P(A_2 \cap B)$

② 곱셈 정리 $P(A \cap B) = P(A) \times P(B|A)$

$P(A_1|B) = P(A_1 \cap B)/P(B)$

$= P(A_1 \cap B) / P(A_1 \cap B) + P(A_2 \cap B)$

$= P(A_1)P(B|A_1)/P(A_1)P(B|A_1) + P(A_2)P(B|A_2)$

2. 주어진 문제 요구 사항과 Bayes의 정리 적용

가. 요구사항의 분석 내용

두상자 A, B중 임의로 선택한 하나의 상자에서 공을

1개 꺼냈더니 검은공이 나왔을때, 그 상자에 남은 공이 모두 흰 공일 확률. 즉, 검은공을 뽑았을때, B상자일 확률을 의미함.

4. Bayes의 정리 적용

P(검은공)
- $\frac{1}{2}$ → A
  - $\frac{2}{4}$ → 검은공: P(A∩검은공) = P(A)P(검은공|A)
  - $\frac{2}{4}$ → (흰 공)
- $\frac{1}{2}$ → B
  - $\frac{1}{3}$ → 검은공: P(B∩검은공) = P(B)P(검은공|B)
  - $\frac{2}{3}$ → (흰 공)

3. Bayes의 정리 적용후의 계산

P(B|검은공)

= P(B∩검은공) / P(검은공)

= P(B∩검은공) / P(A∩검은공) + P(B∩검은공)

$$= \frac{P(B)P(검은공|B)}{P(A)P(검은공|A) + P(B)P(검은공|B)}$$

$$= \frac{\frac{1}{2} \times \frac{1}{3}}{\frac{1}{2} \times \frac{2}{4} + \frac{1}{2} \times \frac{1}{3}}$$

$$= \frac{2}{5}$$

문46) K-Means

답)

1. 비계층적 군집분석, K-Means의 개요

가. K개 군집, 거리 평균(Means), K-Means의 정의

주어진 데이터를 K개의 클러스터로 묶기 위해 군집에 속하는 데이터와 중심점간의 거리평균(means)점이 최소화 하도록 하는 최적분리 군집(cluster) 알고리즘

나. K-Means (K-Means)의 특징

군집수 K	K개 분할	최적의 K	계산량 적음
사전에 결정된 군집수 K에 기초	전체데이터를 상대적으로 유사한 K개의 군집으로 분할	반복수행 최적의 K-군집결정	계층적 군집법 비해 계산량 적음

2. K-Means(평균) 알고리즘의 단계 및 설명

알고리즘 단계	설명
(선택 A, 선택 B)	Input Data에서 Random하게 선택 A, B점을 선택후 Assignment (지정-군집)
↓중심점 재설정 (cluster, 중심값)	Assignment(지정)후 각 관측값을 그 중심과 가장 가까운 거리에 있는 군집에 할당 (중심값 재설정)

↓ Clustering(군집화) cluster 중심값(점) 중심값(점)	중심값 재설정후 새로 설정(지정)된 Cluster(군집) 모양
↓ 중심값 재설정 중심값(점) 중심값(점)	중심값(점)(Centroids) 재설정 Data와 Data 중심점(평균에) 재설정
↓ 군집화 중심점(값)	Assignment (재지정 - Cluster 중심)
① ↓ 최적화 중심점(값) == 평균점 중심점(값) == 평균점	최적분리 (해당군집내에서 중심값 재할당후 최적 분리상태)

- 중심점을 옮겨가며 데이터를 군집에 재 할당, 평균값 계산을 반복적으로 수행하여 중심점이 평균점에 수렴하도록 하는 최적분리 클러스터링 알고리즘.

3. 군집분석의 장단점 및 고려사항

- 모토(Motto)	군집내의 유사도는 크게, 군집간의 유사도는 작게

가. 군집분석의 장/단점

구분	세부사항	설명
장점	탐색적인 기법	주어진 Data의 내부구조에 대한 사전적인 정보 없이 의미있는 자료구조를 찾아낼수있는방법
	넓은 적용 범위	관찰값간의 거리를 데이터 형태로 정의하면 거의 모든 형태의 데이터에 대해 적용가능
	적용 용이성	사전 특정변수에 대한 역할 정의 불필요, 관찰값의 사이들간 거리만이 분석에 필요
단점	가중치 결정 어려움	관찰값들 사이의 거리를 정의하고 각 변수에 대한 가중치 결정이 어려움
	초기군집수 (K)의 결정	군집이 비정형적 모형(예: 도넛형)인경우 군집이 비정상적으로 형성, K값 결정어려움
	결과 해석의 어려움	탐색적인 기법으로 장점을 가지나 사전에 주어진 목적이 없으므로 결과 해석 어려움

나. 군집분석시 고려사항

구분	설명
표준화	- 자료사이의 거리를 이용하여 수행되기 때문에 자료의 단위가 결과에 큰영향을 미침 - 표준화: 자료사이 거리 표준화 필요 - 표준화 시 평균과 표준편차 고려 필요
가중치	- 각 변수의 중요도가 다를 경우 가중치를 이용하여 각 변수의 중요도를 조절 필요.

가중치	- 가중치는 대부분의 경우 단위변환을 수행후 부여 - 가중치에 대한 군집의 영향을 평가하기 위해서는 여러가지의 가중치에 대하여 군집분석(Clustering Analysis)의 결과를 비교

4 군집분석(K-Means)의 활용방안

- 시장과 고객분석, 패턴인식, 공간데이터 분석, Text Mining등
- 패턴인식, 음성인식의 기본 알고리즘으로 활용

"끝"

문47) DBSCAN (Density Based Spatial Clustering with Application Notes)

답)

1. 밀도기반의 공간적 군집화, DBSCAN의 개요

가. K-Means의 보완, DBSCAN의 정의

- K-Means 군집의 한계인 오목한 형태의 데이터를 군집화 하기위해 데이터의 밀도를 기준으로 인스턴스(Instance) 들을 공간적으로 군집화하는 기법

나. 데이터 밀도 기준, DBSCAN의 특징

- 노이즈(Noise) 및 아웃라이어(Outlier) 데이터 식별에 강함
- 밀도(Density)있게 연결되어 있는 데이터의 집합
- Core point를 가지는 군집 (Core로 탐색)

2. DBSCAN의 구성도 및 구성요소의 설명

가. DBSCAN의 구성도

- cluster는 Core/Border/Noise point로 구성

나. DBSCAN의 구성요소 설명

구성요소	설명	핵심
Core point	- 일정 기준 이상의 밀도를 갖는 데이터 - Core → Core로 탐색	n개 이상의 이웃점 가짐
Noise point	일정 기준 미만의 밀도를 갖고, 군집에도 소속되지 않은 데이터 (점)	어떤 군집에도 속하지 않음
Border point	- 일정 기준 미만의 밀도를 갖지만 군집에 소속되어 있는 데이터	군집 탐색 중지용으로 사용
ε(epsilon)	- 주어진 개체들의 반경 - 밀도: ε(Epsilon) 안에 있는 다른 좌표점의 수	거리 기준
Minpts	- ε 반경 내 군집 위해 필요한 개체수 - cluster 형성할 수 있는 최소 좌표점의 수	밀도 기준값

3 DBSCAN의 생성절차와 장단점

가 DBSCAN의 생성절차와 설명

절차	개념도	설명
기본 상태	epsilon 4개 Data	- 좌표공간에 학습 데이터의 표시 - ε(epsilon) 주어진 객체들의 반경 - minPts: 군집 최소수 - ε 반경 내 minPts 개가 존재해야 군집으로 판단
군집 생성	P1, P2 epsilon epsilon	임의점 P1, P2들에서 ε(epsilon) 반경 내 minPts 만족 시 군집 생성

Noise 분류	- 임의의 점 p1에서 ε 반경 내 p2 미존재시 Noise로 분류. - 한 점의 밀도가 MinPts 이상이면 Core, 미만이면 Noise로 정의
군집 완성	cluster, cluster, P1, P2, P3, P4, epsilon=1.72cm / - Cluste 구성후 이웃점을 차례로 방문하면서 Core인지 판단 (P1→P2→P3→P4. 즉, P1과 P4는 같은 Cluster) - 각 점에서 ε 반경내 MinPts 충족하는 객체 집합 완성

- P1→P4까지 같은 Core로 인식하고 군집집합 완성

4. DBSCAN의 장/단점

장 점	단 점
- 군집개수 정의 불필요	- 유클리디안 거리 이용하여 ε 산출이 어려움
- 임의 모양의 군집 생성	
- 잡음(Noise) 개념 존재	- 다차원 & 고밀도 데이터의 군집화 어려움
- 2개의 매개변수만 필요	

4. DBSCAN과 K-Means와의 처리결과 비교

K-Means	DBSCAN
↔ 서로다른 군집.	

K-Means	동심원 모양으로 데이터가 모여 있거나 반달모양으로 클러스터를 형성하고 있으면 Cluster의 중심으로부터 거리 기준으로 분류하는데 적합
DBSCAN	Core Data들을 계속 밀도있게 연결하여 나아가 동일한 Cluster로 판단하기 때문에 직관적 관점에서 레이블이 없는 두개의 Cluster에 적합

"끝"

문48) 차원축소(Dimensionality Reduction)

답)

1. 지도 학습용 Data로 사용, 차원 축소의 개요

가. Dimensional Reduction의 정의

가능한 한 온전히 보존하면서 고차원 데이터를 저차원 Data로 변환하는 기법

나. 차원 축소의 이유와 종류

종류 — Feature 추출 / Feature 선택 ⇒ 성능 + 이해 + 시각화 ← 이유

2. Feature 추출과 Feature 선택(Selection)의 종류

가. Feature Extraction(추출)

컴퓨터가 스스로 학습하려면 데이터를 분석하여 일정한 패턴이나 규칙을 찾아 컴퓨터가 인지할수 있는 데이터로 변환, 어떤특징이 있는지 찾아내는 작업

나. Feature Selection의 종류

구분	설명 & 도식
Filtering Method	Feature를 걸러내는 작업 특징 집합 → Best 특징선택 → 학습 → 성능
Wrapper Method	특징 집합 — [Best특징 선택: Subset 생성 ⇄ 학습] — 성능

Wrapper Method	예측모델을 사용하여 피처들의 부분집합을 만들어 계속 Test하여 최적화된 피처들의 집합 생성
Hybrid	Filtering + Wrapper Method 장점 결합

3. Filter와 Wrapper의 차이점

구분	Filter	Wrapper
측정 방법	종속변수와의 상관관계에 의해 피처 관련성 측정	실제 모델을 학습하여 피처의 부분집합의 유용성 측정
속도	모델 학습X, 빠름	학습 Loop, 비용, 느림
부분집합	통계방법 사용	교차검증 활용
선택	최상의 피처부분집합 X	항상 최적피처부분집합선택

"끝"

문 49) 특징추출(Feature Extraction)

답)

1. 불필요한 정보 제거, 특징추출의 개요

가. Noise Remove, Feature Extraction의 정의

원본 특징들의 조합으로 새로운 특징을 생성(주성분분석)하거나 고차원의 원본 Feature 공간을 저차원의 새로운 Feature 공간의 선형/비선형 결합으로 표현하는 기법

나. 특징추출의 필요성(차원축소 포함)

① 적절한 일반화 능력을 위해 요구되는 훈련 데이터 양은 급격히 증가하는 현상 발생 → "차원의 저주" 발생

② 유용한 데이터를 가지고 특징을 추가하면 공간의 크기가 너무 증가하여 통계적으로 신뢰할 수 있는 결과 도출 어려움

③ 핵심적인 변수로 차원을 축소 ← Feature 추출 기법 사용

2. 특징추출(Feature Extraction)의 개념 및 설명

개념	설명
① Data 입력 (Data 수집) → ② 특징 검색 → 특징 → ③ 특징 평가 → 특징 → ④ 학습 → 가설 → ③ 특징 평가 → 성능 평가 → ⑤ 특징 선택 출력 (특징 추출)	① Data 수집 ② 특징 Search ③ 특징 평가 ④ Learning Algorithm ⑤ 특징 추출 (Feature Extraction)

3. "차원의 저주"의 의미및 해결 방안

가. 차원의 저주(Curse of Dimensionality)

- 데이터 학습을 위해 차원이 증가(변수의 개수증가)하면 학습데이터수가 차원의 수보다 적어져 추정 모델의 성능이 저하되는 현상, 차원이 증가할수록 차원내 학습할 데이터 수가 적어지는 현상 발생

나. 차원의 저주를 해결하는 방법

- 더 많은 Data 수집 : 데이터가 많으면 데이터의 밀도가 높아져 특징을 좀더 잘 설명(Feature 추출)
- 차원 축소 방법 사용 : PCA(Principal Components Analysis)등의 방법 사용, 특징의 개수축소

"끝"

문 50) PCA(principal Component Analysis)

답)

1. 주성분 분석기법, PCA(주성분분석)의 개요

가. 변수 축약기법, PCA의 정의

다차원 특징 벡터로 이루어진 데이터에 대해서 최대한 원본의 정보를 유지하면서 낮은차원으로 축소시켜 데이터처리하는 기법, 상관관계 변수를 선형결합하여 변수축약

나. 주성분분석(PCA)의 특징

- 변수들의 상관관계, 연관성을 이용, 주성분으로 차원축소

다중공산성 존재시, 상관성 적은주성분으로 변수들을 축소하여 모형개발에 활용. 독립변수들 간에 존재하는 강한 상관관계 → 분석결과를 왜곡시킬수 있음

2. PCA의 개념및 PCA 알고리즘 수행절차

가. PCA 알고리즘의 개념

PCA는 데이터 하나 하나에 대한성분을 분석하는 것이 아닌, 여러 데이터들이 모여 하나의 분포를 활용 ~~주성분분석함~~

나. PCA 알고리즘의 절차(수행절차)

단계	수행 절차	절차설명
1	Data set 로드	PCA분석위한 Dataset Load

2	평균, 공분산 산출	평균값과 편차구함, 공분산을 계산함
3	Eigen Value, Eigen Vector 산출	Data set에서 고유값, 고유벡터 구함 PC1, PC2 가 고유값, 고유벡터 임(2.가.)
4	projection 처리	고유값, 고유벡터를 활용 회전/확장→새로운 Data set 설명 & 새로운 Data set 예측.

- Smart Factory에서 다양한 Sensor들을 통해 수집되는 수많은 Data 분석시 PCA를 이용한 주요 영향인자 도출에 활용

3. PCA를 이용한 얼굴인식 Eigen face 사례

순서	설명
Data 준비	45*40 얼굴이미지 20장 = 1800 차원 벡터 (즉, 1800 차원공간에서 한 점에 대응)
PCA수행	평균, 공분산, 고유값, 고유벡터계산, 주성분도출
이미지해석	주성분 통해 이미지 센싱으로 Eigen face 도출

- Computer 비젼(Vision)에서도 얼굴인식, 얼굴검출을 위해 PCA 알고리즘을 사용

"끝"

문 51) ICA(Independent Component Analysis)

답)

1. 독립 성분분석, ICA 알고리즘의 정의

주어진 자료가 서로 독립인 성분의 선형 또는 비선형 결합으로 이루어 졌다고 가정하고, 주어진 자료를 독립적인 성분들로 분해하는 과정

2. ICA와 PCA 비교, ICA의 설명

가. ICA와 PCA의 비교

PCA(주성분분석)	ICA(독립 성분분석)
←Vector 의분포	←Vector의 분포
여러 데이터들이 모여 하나의 분포를 생성할때 그 분포의 주성분을 분석	데이터를 가장 잘 설명하는 축을 찾는 PCA와는 달리 가장 독립적인 축을 찾음

나. ICA의 설명

PCA와 같이 Vector의 분포를 이용한다는 점에서 비슷하지만 독립성이 최대가 되는 Vector를 찾고, 독립성(Independent)은 ICA의 알고리즘에 의해 계산됨

3. 얼굴인식 알고리즘 - PCA, FDA, ICA 활용예

가. PCA(Pricipal Component Analysis)
전체 영상공간에서 얼굴을 가장 잘 표현 할수 있는 Vector를 찾음. 고유 벡터는 얼굴 처럼 표현되기 때문에 고유얼굴(Eigen Face)용어 사용.

나. FDA(Fisher Discriminant Analysis)
얼굴의 국부적 특징을 다른 얼굴로부터 잘 분리해 표현 할수 있도록 만들어진 방법

다. ICA(Independent Component Analysis)
기존의 주어진 특징만으로는 전체얼굴이외의 특정 영역에 대한 대한 분류가 어렵기 때문에 ICA분석법에서는 주어진 특성(특징)으로부터 새로운 특징을 추출해 냄

"끝"

문 52) 마르코프 결정프로세스(Markov Decision Process, MDP)

답)

1. 강화학습, 마르코프 결정프로세스의 개요

가. 이산(Linear) 시간의 확률제어, MDP의 정의

S_{t-1}	S_t	S_{t+1}
과거	현재 (State)	미래 → 시간

상태전이(State Transition)가 현재상태 S_t와 입력(또는 행동 A_t)에 의해서 확률적으로 탐색하는 강화학습

나. Markov Decision Process의 모델

$$P(\text{확률}(\to Probability),\ S_{t+1} \mid S_t, S_{t-1}, S_{t-2}, \ldots S_0) = P(S_{t+1} \mid S_t)$$

미래상태 S_{t+1}는 현재 상태 S_t에 영향을 받고 과거 상태 $S_{t-1}, S_{t-2} \ldots$에는 영향을 받지 않는 시스템에 대한 확률모델

2. Markov Decision 모델의 예시

2개 문장

She is good person
she is bad person

State Transition Matrix →

	is	she	good	bad	person
is	-	-	0.7 (70%)	0.3 (30%)	-
she	1.0 (100%)	-	-	-	-
good	-	-	-	-	1.0
bad	-	-	-	-	1.0

현재 상태의 확률 → S_t(현재) S_{t+1}, S_{t+2} (미래)

2개 문장 State 표시

Start —1.0— She —1.0— is —0.7— good —1.0— person —1.0— End

is —0.3— Bad —1.0— person

맑음, 흐름, 비 State

	맑음	흐림	비
맑음	0.5	0.25	0.25
흐림	0.4	0.2	0.4
비	0.3	0.2	0.5

St(현재) St+1(미래)

3. MDP와 Q-Learning 비교

항목	MDP(마르코프 결정)	Q-Learning
결정과정	전이 확률 계산	미래 값(Q) 계산
최적값	확률 최적값	Q Table 업데이트
공통점	강화 학습에 활용	

"끝"

문 53) 은닉 마르코프 모델 (HMM - Hidden Markov Model)

답)

1. 상태(State) 은닉, 은닉마르코프 모델의 개요

가. 순차데이터, 예측분류. HMM의 정의

- 시스템이 은닉된 상태와 관찰가능한 결과의 두가지 요소로 이루어 졌다고 보는 통계 기반의 모델

나. Hidden Markov Model의 특징

은닉 상태	마르코프 체인	순차 데이터	문맥의존 데이터
- 상태볼수없고 상태들로부터 야기된 결과들만을 관찰가능	- 바로앞의 결과에만 영향을 받는 일련의 확률적 시행	- 시간성을 갖는 Data. 대부분 가변 길이를 가짐	- 단어간의 전후관계가 있는 문장속의 단어나 단어속의 문자들

2. 은닉마르코프 모델 구성과 구성설명

가. HMM 모델의 구성도(예시)

① Start
전이확률
0.6
0.4
② 은닉 상태 (은닉변수)
Rainy
Sunny
0.3
0.4
0.7
0.5
③ 관측 가능 (관측변수)
0.1
0.6
0.4
0.3
0.5
0.1
Walk
shop
Clean
출력 확률
출력확률

나. HMM 모델의 설명

구분	설명
①예측, 분류	직접 볼 수 없는 지역의 날씨 상태를 예측하려고 함 (전화로 결과를 관찰 가능)
②은닉상태	Rainy(비옴), Sunny(맑음) ← 은닉 변수
③관찰가능	Walk, shop, clean Action 등
관측변수로 확률적 관계예측	관찰자는 관찰 변수를 통해 관찰 결과와 은닉 상태간의 확률적인 관계를 알고 있음. 즉, 은닉 마르코프 모델의 모수가 알려져 있음

3. 은닉 마르코프 모델의 특징 및 매개변수 사용시 Issue

가. Markov 모델의 아키텍처

구분	아키텍처	설명
Ergodic (에르고딕) 모델	1 2 3	완전연결구조 ex) 제스처, Motion, 상태 변화 등에 사용
좌우(Left to Right) 모델	1 2 3 4	상태 변이가 왼쪽 → 오른쪽으로 변화 ex) 음성 인식에서 사용

나. 매개 변수 (parameter) 사용

구분	설명
상태전이 확률	오늘 비가 왔을때 내일 날씨가 맑을 확률
관측 확률	비가 올때 집에 있을 확률, 비가 올때 외출할 확률

초기 상태 확률 벡터	HMM을 가동시킬때 어느 상태에서 시작할 지를 결정하는데 이용

다. 매개변수와 3가지 문제점

구분	문 제 점	적용가능방법
확률 평가 문제	모델에서 관측한 값이 여러개일때 각 출력될 확률이 얼마인지 효과적으로 계산할수 있어야 함 즉, 확률 값에 따라 최적의 모델을 다수의 모델로부터 선택할수있기 때문	Dynamic Programming 이용 (Forward, Backword 알고리즘)
최적 상태 열 찾는 문제 (Decoding)	optimal State Sequence (최적 상태열) 가장 최적의 숨겨져 있는 상태열을 어떻게 찾아낼것인지의 문제	Viterbi(비터비 알고리즘(관측된사건들의순서를야기한 가장 가능성높은 은닉 상태들의 순서를 찾는알고리즘)
파라미터 추정 (학습)	확률(Likelihood)를 최대화 하는 모델의 각 파라미터를 추정하는 문제. 즉, 관측열을 가장 잘 설명하는 모델의 파라미터들을 어떻게 최적화 할것인지의 문제(학습의 문제)	EM(Expectation-Maximization) 알고리즘, Baum-Welch 알고리즘
3가지 문제 요약	Test셈플 O=10765501 → θ=(A,B,π) (B, π, A ...) ← 학습 ← 훈련 Data집합 O₁=10765510, O₂=10765550 ⋮ ↓평가 발생확률 ↓디코딩 상태열	

4. 은닉 마르코프 모델 활용과 실제 적용

가. 은닉 마르코프 모델 활용: 통계, 기계학습(Machine Learning), 음성인식, DNA 분석, 패턴인식, 자연어 처리, 생물 정보 학, 광학문자인식 등등

나. 적용: 복잡한 계산을 위해 동적 계획법(Dynamic programming: 큰 문제를 작은문제로 나누어 푸는 계획법) 등을 활용하여 수행됨

"끝"

문54) 몬테카를로 트리 탐색 (MCTS-Monte-Calro-Tree Search)

답)

1. 바둑 게임 - 탐색알고리즘, MCTS의 개요

가. Monte-Calro Tree Search의 정의

어떻게 선택하는 것이 가장 유망한 것인가를 분석하면서 검색공간에서 무작위 추출에 기초한 탐색 트리

나. MCTS의 특징

- 의사결정 위한 체험적 탐색 알고리즘
- 과거의 playout (플레이아웃) ⟶ 장래의 playout 선택

2. 몬테카를로 트리 탐색의 알고리즘 및 4단계 과정

가. MCTS의 알고리즘

선택	확장	시뮬레이션	역전달
루트 R (11/21) → (7/10) → (1/6) → Leaf (3/3)	(11/21) → (7/10) → (1/6) → (3/3) → 생성 자식노드 (0/0)	(11/21) → (7/10) → (1/6) → (3/3) → 노드 (0/0) → 0/1	루트 R (11/21) ← (8/11) ← (1/7) ← (4/4) ← 노드 C (0/1)

- 역전달 = Backpropagation ⇒ 전체과정 정보 갱신
- MCTS 알고리즘은 선택, 확장, 시뮬레이션, 역전달로 구성

나. MCTS의 4단계 과정 설명

선택	루트 R에서 연속적인 자식 노드를 선택 (Leaf node까지)
확장	Leaf node에서 승패를 내지 못하고 게임 종료시

		하나 또는 그 이상의 자식노드를 생성
	시뮬레이션	노드C로부터 무작위의 playout을 실행함
	역전파	playout 결과 C에서 R까지의 경로 정보(노드) 갱신
3.	몬테카를로 트리 탐색의 핵심요소 및 활용	

핵심 요소	정책	트리폭제한, 확장단계에서 가장 승률높은것 예측
	가치	트리깊이제한, 승산이 정확할수록 더 깊은 노드 불필요
활용	- 바둑 프로그램(AlphaGo), 실시간 비디오 게임, - 포커와 같은 비결정적 게임 등.	

"끝"

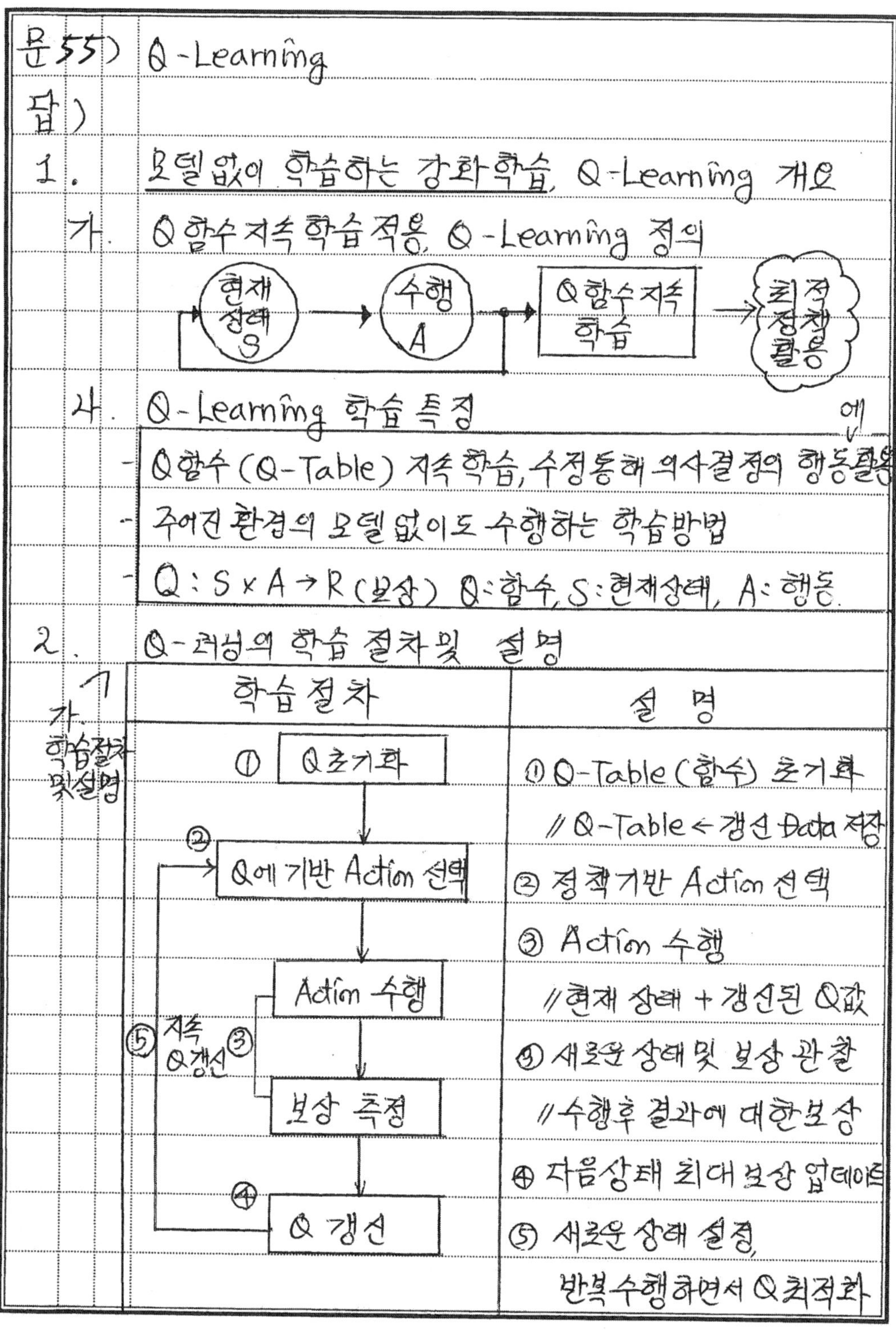

문55) Q-Learning

답)

1. 모델 없이 학습하는 강화학습, Q-Learning 개요

가. Q함수 지속 학습 적용, Q-Learning 정의

나. Q-Learning 학습 특징

- Q함수 (Q-Table) 지속 학습, 수정 통해 의사결정에 행동 활용
- 주어진 환경의 모델 없이도 수행하는 학습 방법
- Q : S × A → R(보상) Q: 함수, S: 현재상태, A: 행동

2. Q-러닝의 학습 절차 및 설명

가. 학습절차 및 설명

학습절차	설명
① Q초기화	① Q-Table(함수) 초기화 // Q-Table ← 갱신 Data 저장
② Q에 기반 Action 선택	② 정책기반 Action 선택
③ Action 수행	③ Action 수행 // 현재 상태 + 갱신된 Q값
보상 측정	③ 새로운 상태 및 보상 관찰 // 수행후 결과에 대한 보상
④ Q 갱신	④ 다음상태 최대 보상 업데이트
⑤ 지속 Q갱신	⑤ 새로운 상태 설정, 반복수행하면서 Q최적화

4. Q-Learning의 구성요소

구분	구성요소	설명
정책 (policy)	-최대보상 -미래보상관찰	-최고 Q값 기반 Action 선택 -$\pi_{(보상)}(s) = \text{argmax}\ Q(s,a)$
벨만(Bellman) 방정식	-정책 반복 -재귀 함수	-최적정책 찾는 반복 수행 -현재 최고보상, 미래 보상
Q-러닝 알고리즘	-테이블 기반 -반복적근사	-벨만 방정식 반복 수행 -반복 기반 Q함수 근사

3. Q-Learning 알고리즘의 발전

- Q-러닝 알고리즘의 Q-Table 사이즈문제(제약)에 대한 해결 방안으로 DQN(Deep Q Network) 등장
- 전이 학습(Transfer Learning) 알고리즘, Reverse Q-Learning 등으로 연구/발전됨.

"끝"

문56) Tokenization, n-gram

답)

1. 형태소 분석, Tokenization의 개념 및 사례

가. 자연어 처리, 토큰화의 개념

- 주어진 Corpus(말뭉치)에서 토큰(Token)이라 불리는 단위(unit)로 나누는 작업

나. Tokenization의 사례

- 토큰의 기준을 단어(Word)로 하는 경우 → Word 토큰화라고

예) Time is an illusion, Lunchtime double so!

→ 토큰화 "Time" "is" "an" "illusion," "Lunchtime" "double" "so"

2. N-gram의 정의 및 사례

가. N-gram의 정의 (n개씩 묶음)

- 단어를 의미있는 최소단위 또는 띄어쓰기 단위로 절단하여 n개씩 묶어서 그 의미를 파악하는 문장 처리 기법

나. N-gram의 사례

N=1 : This is a sentence — Unigrams: This, is, a, Sentence.

N=2 : This is a Sentence — Bigrams: This is, is a, a sentence

N=3 : This is a Sentence — Trigrams: This is a, is a Sentence

3. Tokenization, N-gram의 활용

- 인공신경망을 이용한 언어모델에 적용
- 챗봇(ChatBot)에서 말뭉치(Corpus) 해석에 활용
- 음성인식에서 자연어 처리에 활용

"끝"

문57) Word2vec

답)

1. 다차원 벡터를 이용한 자연어분석, Word2Vec 개요

가. Wordembedding 벡터 활용, Word2Vec의 정의

단어의 의미 파악 및 유사성을 찾기위해 말뭉치를 입력받아 Wordembedding이라는 벡터로 표현하여 분석하는 인공신경망

나. Word2Vector의 개념

I am a boy	→	(인간) 인간의 언어 번역	→	나는 소년이다
I am a boy	→	program 번역 (Computer) 컴퓨터의 언어번역	→	I ø100 1ø01 a ø101ø111 m ø111øø10 ⋮ y ø11111øø

Computer의 언어번역 활용하여 분석.

2. Word2Vec의 문제점 & 해결방안

가. One Hot Encoding 문제

예) 단어장(Corpus): "I", "am", "a", "boy", "girl", "king", "queen" 7개의 단어로 구성

I (1, ø, ø, ø, ø, ø, ø)
am (ø, 1, ø, ø, ø, ø, ø)
a (ø, ø, 1, ø, ø, ø, ø)
man (ø, ø, ø, 1, ø, ø, ø)
woman (ø, ø, ø, ø, 1, ø, ø)
king (ø, ø, ø, ø, ø, 1, ø)
queen (ø, ø, ø, ø, ø, ø, 1)

→ Text → 숫자 One Hot Encoding (단어간 유사도 없음)

One Hot Encoding 단점 : Vector 표현에 단어와 단어간 의 관계가 전혀 드러나지 않음 (단어간 유사도가 없음)

예) Woman, queen 두 단어는 의미가 비슷해도 전혀 다른 벡터(Vector)로 표현됨

4. One Hot Encoding 문제 해결

- 신경망을 이용하여 Vector를 변환, 즉 Embedding 하면 7차원 → 3차원으로 표현 가능

I (1.5, 2.0, 3.5)
am (1.2, 2.2, 3.7)
a (0.5, 0.8, 0.9)
man (0.4, 0.5, 0.6)
Woman (0.8, 0.7, 3.4)
King (0.8, 2.5, 2.8)
queen (0.6, 0.4, 4.1)

→ Embedding (예) 3차원으로 표현 단어의 유사도 포함

man, Woman, King, queen

- One Hot Encoding 보다 저차원이고 밀도가 높음

3. One Hot encoding의 한계 및 Word2vec의 특징

가. One-Hot-Encoding의 한계 (OHE 한계)

구분	설명
one-Hot Encod-ing	man (0, 0, 0, 1, 0, 0, 0) woman (0, 0, 0 0, 1, 0, 0) King (0, 0, 0, 0, 0, 1, 0) queen (0, 0, 0, 0, 0, 0, 1) → Text → 숫자
가능기능	해당단어의 유무 파악 (Spammail 분류시 사용)
OHE 한계	해당 단어와 다른 단어가 어떤 차이점을 가지는가 판단불가

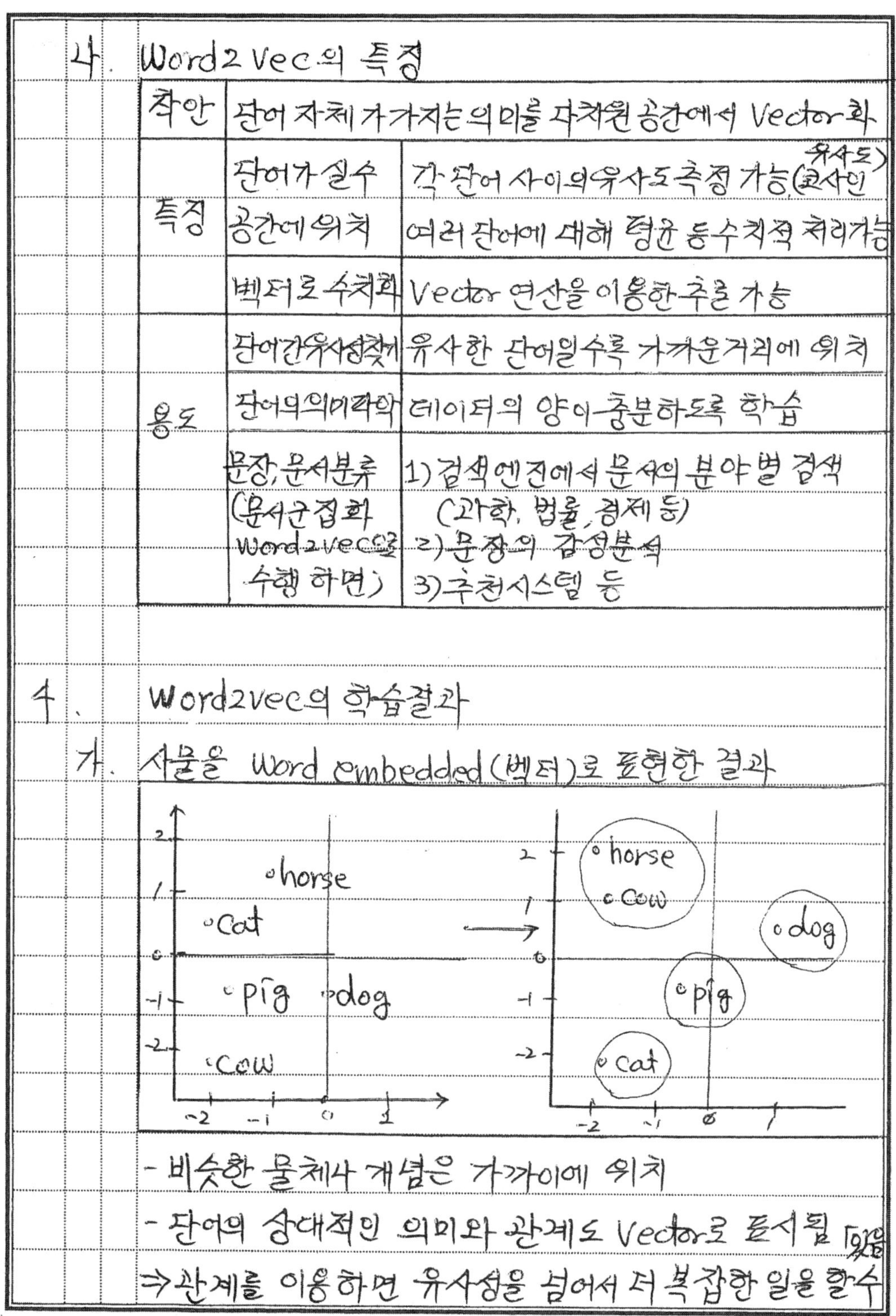

나. Word2Vec의 특징

착안	단어 자체가 가지는 의미를 다차원 공간에서 Vector화	
특징	단어가 실수 공간에 위치	각 단어 사이의 유사도 측정 가능(코사인 유사도) 여러 단어에 대해 평균 등 수치적 처리 가능
	벡터로 수치화	Vector 연산을 이용한 추론 가능
용도	단어간 유사성 찾기	유사한 단어일수록 가까운 거리에 위치
	단어의 의미 파악	데이터의 양이 충분하도록 학습
	문장, 문서 분류 (문서 군집화 Word2vec으로 수행하면)	1) 검색엔진에서 문서의 분야별 검색 (과학, 법률, 경제 등) 2) 문장의 감성분석 3) 추천시스템 등

4. Word2vec의 학습결과

가. 사물을 Word embedded(벡터)로 표현한 결과

- 비슷한 물체나 개념은 가까이에 위치
- 단어의 상대적인 의미와 관계도 Vector로 표시됨 (의미)

⇒ 관계를 이용하면 유사성을 넘어서 더 복잡한 일을 할 수

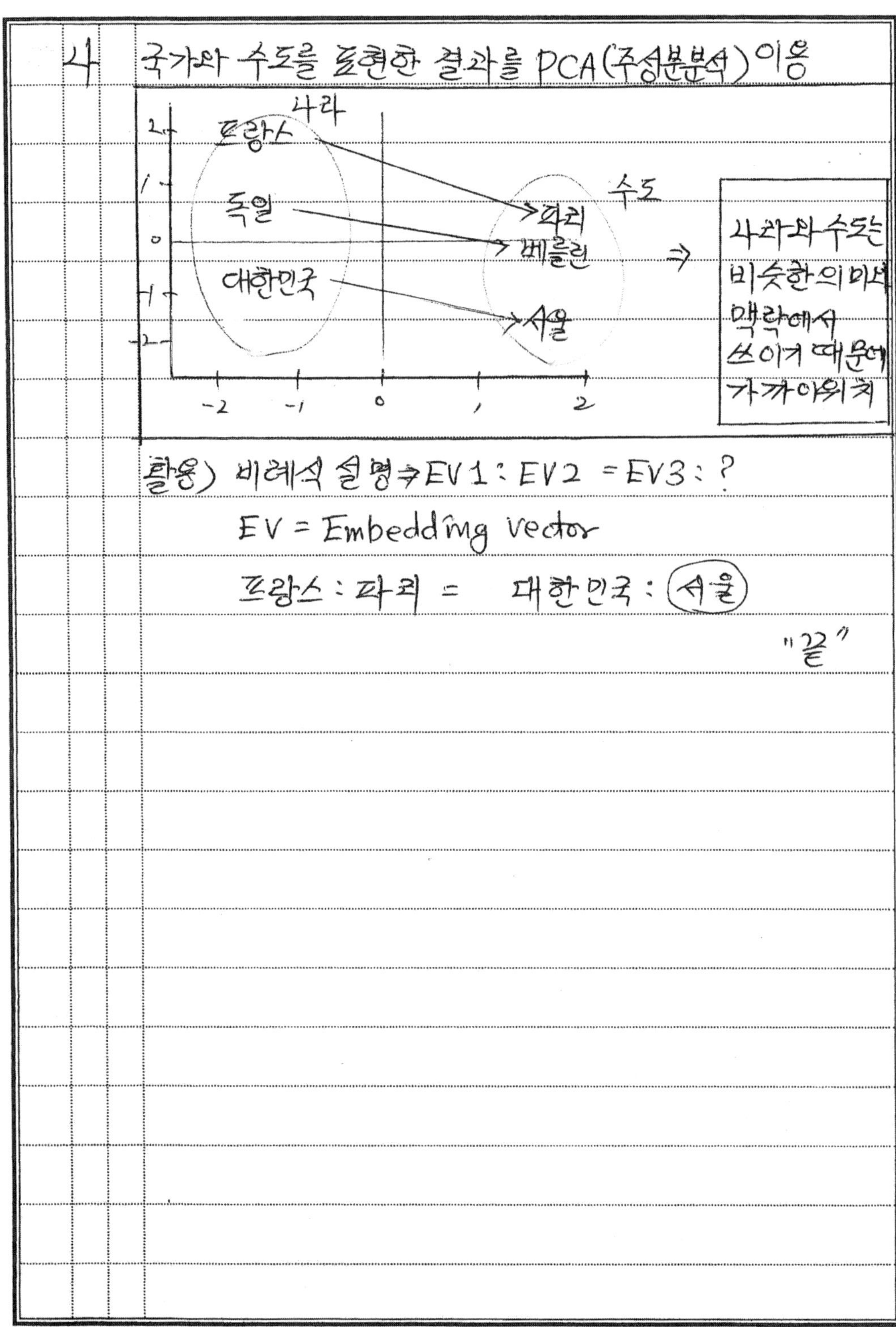
나
국가와 수도를 표현한 결과를 PCA(주성분분석) 이용
나라
프랑스
독일
대한민국
수도
파리
베를린
서울
⇒
나라와 수도는
비슷한 의미의
맥락에서
쓰이기 때문에
가까이 위치
-2
-1
0
1
2
활용) 비례식 설명 ⇒ EV1 : EV2 = EV3 : ?
EV = Embedding vector
프랑스 : 파리 = 대한민국 : 서울
"끝"

문 58) CBOW(Continuous Bag of Words), Skip-gram

답)

1. 추론기반의 Embedding, CBOW, Skip-gram의 정의

CBOW	Skip-gram
-주변 단어 기반 해당위치에 나타날수 있는 단어추론	-입력 단어를 통해 주변에 나타날수 있는 단어를 추론
-Context에서 단어의 평균을 적용하여 Softmax 계산	-Context에서 단어를 1:1로 대응하여 Softmax 계산

- Softmax란 입력 받은 값을 출력으로 0~1 사이의 값으로 모두 정규화하며 출력값들의 총합은 항상 1이 되는 특성

2. Word2vec 학습모델, CBOW와 Skip-gram의 설명

구분	CBOW	Skip-gram
개념도	Input projection output W(t-2), W(t-1), W(t+1), W(t+2) → SUM → W(t)	W(t) → [ ] → W(t-2), W(t-1), W(t+1), W(t+2)
개념	주변 단어가 만드는 맥락을 이용해 Target 단어 예측	한 단어를 기준으로 주변에 올수 있는 단어를 예측
사례	집 앞 편의점에서 아이스크림을 사먹었는데, (이) 시려서 너무 먹기 힘듦	서울 - 한국, 한라산 도쿄 - 일본, 후지산 베이징 - 중국, 황산 등

	학습과정	1) 한 단어에 이미 할당된 Vector가 있다고 가정
		2) 이 값을 이용, 주변 문맥을 얼마나 정확히 예측하는지 계산
		3) 정확도 낮을 시 오차에 따른 Vector값 조정
		- 한 단어를 기준으로 단어 주변의 문맥을 참조,
		현재 Embedding Vector가 얼마나 정확한지
		오차 값은 어느 정도인지 알아냄
		- 어떤 두 단어가 비슷한 문맥에서 꾸준히 사용된다면
		두 단어의 Vector값은 비슷하게 됨.
		ex) 소나무 근처에 박달나무, 은행나무 등 비슷한 곳에 모임

3. CBOW와 Skip-gram의 활용

Word2vec 학습모델로 유사한 의미의 단어를 군집화하고 벡터 연산을 통해 단어 간의 관계를 파악하여 추론이 가능해짐에 따라 자연어 처리 모델링에 필수 기술로 사용됨.

"끝"

MEMO

심층 신경망 상세

일반적인 프로그램 방식과 기계학습 프로그래밍 방식, AI/ML(Machine Learning)/DL(Deep Learning), 기계학습, 지도학습(Supervised Learning), 비지도(비감독)(Unsupervised Learning) 학습, 강화학습(Reinforcement Learning), 딥러닝(Deep Learning), MCP 뉴런, 헵 규칙, 퍼셉트론(Perceptron), 아달라인, 활성화 함수(Activation Function), FFNN, 딥러닝의 파라미터(Parameter)와 하이퍼파라미터(Hyperparameter), 역전파법(Back-propagation), 기울기 소실 문제(Vanishing Gradient Problem), 경사하강법(Gradient Desent), 과적합(Overfitting)과 부적합(Underfitting), Dropout, ANN, DNN, CNN, RNN, LSTM, GRU, RBM, DBN, DQN, GAN, DL4J, 혼동행렬, 기계학습의 평가 방법, 정확도/재현율/정밀도, F1 Score 등에 대해 학습할 수 있도록 하였습니다. [관련 토픽 - 35개]

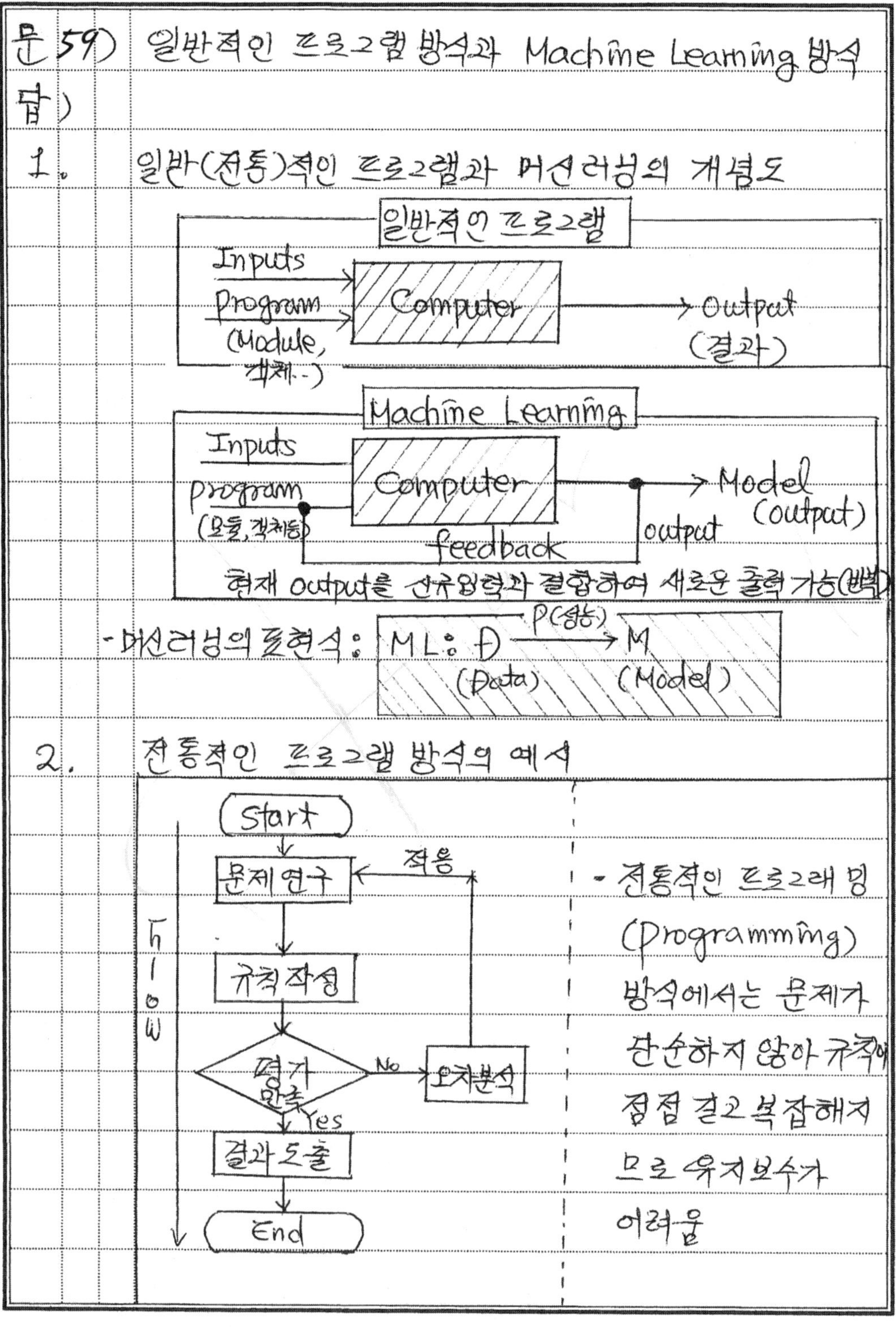
문59) 일반적인 프로그램 방식과 Machine Learning 방식
답)
1. 일반(전통)적인 프로그램과 머신러닝의 개념도
일반적인 프로그램
Inputs
Program
(Module, 객체..)
Computer
Output
(결과)
Machine Learning
Inputs
program
(모듈, 객체등)
Computer
Model
(output)
output
feedback
현재 output를 신규입력과 결합하여 새로운 출력 가능(반복)
- 머신러닝의 표현식: ML: f (Data) P(성능) → M (Model)
2. 전통적인 프로그램 방식의 예시
Start
문제연구
규칙작성
평가 만족
No
오차분석
적용
Yes
결과도출
End
Flow
- 전통적인 프로그래밍 (Programming) 방식에서는 문제가 단순하지 않아 규칙이 점점 길고 복잡해지므로 유지보수가 어려움

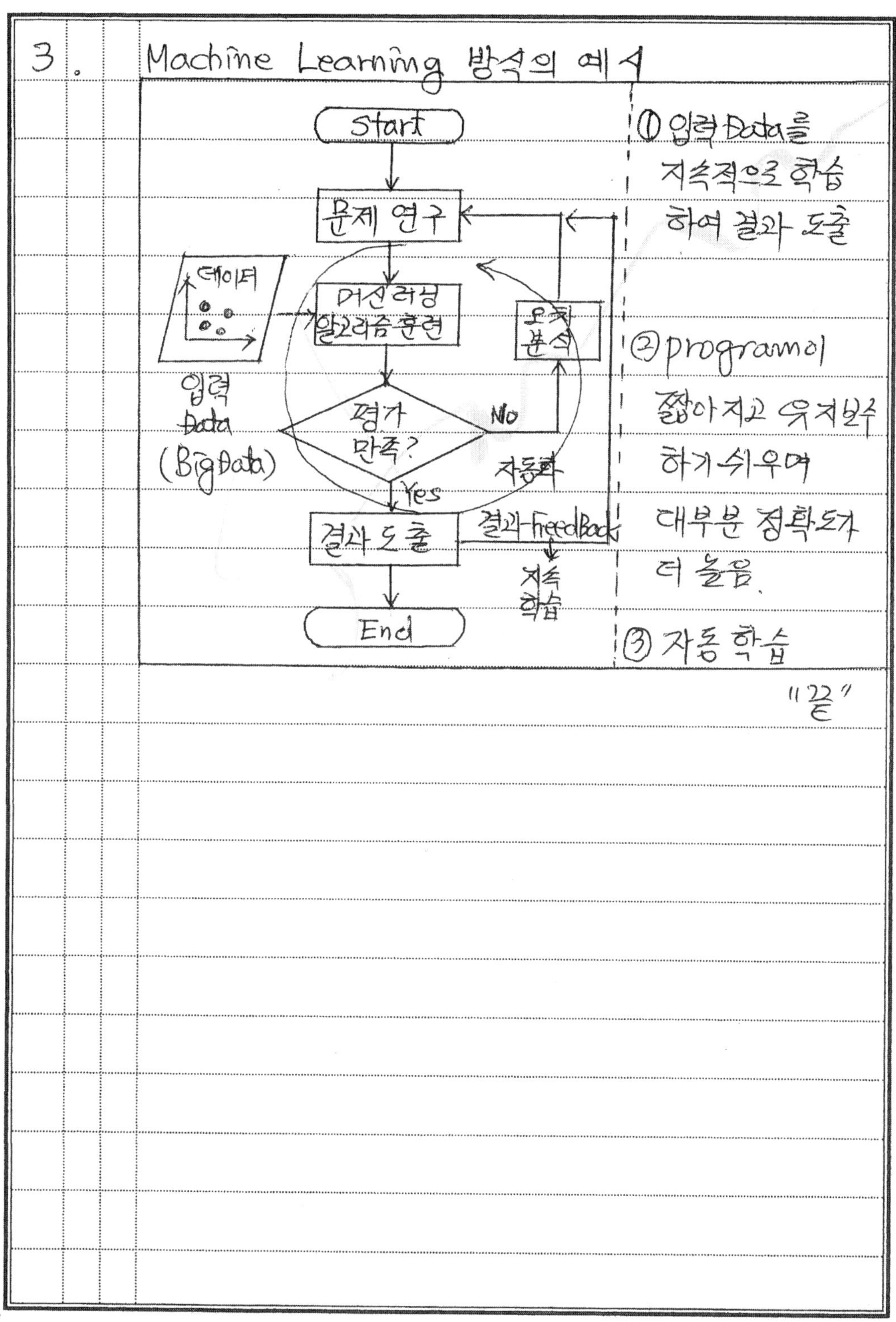
3. Machine Learning 방식의 예시
Start
문제 연구
데이터
머신러닝 알고리즘 훈련
오차 분석
입력 Data (Big Data)
평가 만족?
No
Yes
자동화
결과 도출
결과 FeedBack
지속 학습
End
① 입력 Data를 지속적으로 학습하여 결과 도출
② program이 짧아지고 유지보수하기 쉬우며 대부분 정확도가 더 높음.
③ 자동 학습
"끝"

문 60) AI(Artificial Intelligence), ML(Machine Learning), DL(Deep Learning) 관계와 차이점

답)

1. AI, ML, DL(Deep Learning)의 개요

가. AI → ML → DL으로 발전, AI, ML, DL의 정의

AI	인공지능은 기계를 지능적으로 만드는 과학
ML	인공지능을 구현하는 구체적 접근 방식
DL	심층신경망을 이용한 ML의 한 기법

나. AI, ML, DL의 관계

AI (Artificial Intelligence)
ML (Machine Learning)
DL (Deep Learning)

1950 — 튜링머신, 폰노이만구조
Perceptron
XOR 문제
1980
SVM, Back propagation, 통계기반AI, ~~WWW~~ (word wide web)
2010
DNN, CNN, RNN, LSTM, RBM, DBN, DQN 등

2. AI(인공지능)와 기존 알고리즘 비교

구분	기존 알고리즘	인공지능(AI)
문제 해결	알고리즘 기반	규칙을 생성
개발 방법	특정 규칙을 설정	자체 규칙 모델 개발
작업 방법	사람에 의존	스스로 해결
학습 방법	-	모델 학습

3. ML과 DL의 설명.

가. ML(Machine Learning) ①기본적으로 알고리즘을 이용해 데이터를 분석하고 분석을 통해 학습하며 학습한 내용을 기반으로 판단이나 예측수행

②의사 결정 기준에 대한 구체적인 지침을 SW에 직접 Coding해 넣는것이 아닌, 대량의 데이터와 알고리즘을 통해 Computer 그 자체를 학습시켜 작업을 수행하는 방법을 익히는 것을 목표로 함

나. DL(Deep Learning)

①기존 신경망 기법에 은닉층을 추가한 개념을 적용

②다층 신경망을 적용했을 때 학습규칙의 어려움 때문에 쉽게 구현하기 어려움.

③ Backpropagation 알고리즘의 등장으로 다층신경망의 문제 해결

"끝"

문 61) 기계학습(Machine Learning) = 머신러닝

답)

1. 지도/비지도/강화학습, 기계학습(ML)의 개요

표현식	ML의 정의
(E) ↔ ML: D —P→ M E: 환경(Environment) D: 데이터(Data) M: Model, 지식 P: 성능(Performance)	환경과(Environment)의 상호 작용을 통해서 축적되는 경험적인 데이터(D)를 바탕으로 지식 즉, 모델(M)을 자동적으로 구축하고 스스로 성능(P)을 향상하는 자동학습 시스템(System)

2. 기계학습(Machine Learning)의 종류&설명, 사례

종류	설 명	알고리즘	사례
지도 학습	정답이 있는 훈련 Data Set를 활용, 모델(지식)을 학습시키는 학습 방법	분류: SVM 예측(Regression): 의사결정트리	주가예측, 질병관리, 패턴인식
비지도 학습	정답이 없는 Data Set를 사용, Data 내에 숨어있는 어떤 관계식별	군집: K-Means, DBSCAN PCA, ICA	데이터 마이닝, 지식 발굴
강화 학습	보상을 최대화 시키도록 행동을 선택하는 것을 학습하는 방법	Q-Learning, DQN, Policy Gradient	바둑, 게임, 웹 정보검색 등

3. 일반 Program과 ML의 차이점

구분	도식	설명
일반 Program	Input 각 기능 → [Coding] → output 화면	1 : 1 (입력) (출력)
기계 학습 (ML)	Input → [알고리즘] → [모델] 지식 [피드백] Feedback	M : 1 (입력) (출력) Feedback 보유 (현재출력이 새로운입력)

"끝"

문62) 지도학습(Supervised Learning) = 감독학습

답)

1. 사람의 지도 필요, Supervised Learning의 개요

가. 훈련 데이터(Train Set) 필요, 지도학습의 정의

- 문제(입력)와 답(출력)의 쌍으로 구성된 Data (훈련 데이터)로 부터 새로운 문제를 풀 수 있는 함수 & 패턴을 유추해내기 위한 기계학습(ML)

나. 지도(감독) 학습의 process

- 훈련 데이터 (Train set)로 생성된 모델로 레이블링이 안된 테스트 데이터(Test set)를 활용 적절하게 결과도출 가능

2. 지도학습 예시와 구성 설명

가. 지도학습 실제 동작과정 설명

나. 지도학습동작 과정의 설명

과정	설명		비고
Train set	학습에 필요한 훈련 Data		문제, 답.
지도학습	ML	Machine Learning	SVM
	DL	Deep Learning	CNN, RNN등
Test Set	레이블링(문제,답) 되어 있지 않은 Data		97, 16
모델	답을 유추할수 있는 함수, 모델, 패턴등		덧셈함수
결과	덧셈 함수에 대한 결과 도출(본문예시)		97+16 =113

3. 지도학습의 기법

구분	기법	설명	사례
분류 (Classification)	이진분류	두가지중 하나로 분류	고양이냐 아니냐?
	다중분류	여러 종류중 하나로 분류	동물중고양이
예측, 회귀 (Regression)	독립변수기반	독립 변수(X=입력)의 개수	y=f(X) X변수(입력)
	종속변수기반	종속 변수(Y=출력)개수 분석	y변수(출력)

"끝"

문 63) 비지도(비 감독)(Unsupervised Learning)학습
답) 지도학습과 비교설명

1. 사람의 감독 불필요, Unsupervised Learning의 개요

가. 훈련 데이터 불필요, 비지도 학습의 정의

입력 데이터에 대한 목표값 없이 데이터가 어떻게 구성(패턴, 군집 등)되었는지를 알아내는 기계 학습(ML)

나. 비지도(비감독) 학습의 Process

- 비정제 Data에서 군집/분석알고리즘 통해 패턴 추출

2. 비지도 학습예시와 동작과정 설명

가. Unsupervised Learning의 학습예시

- 비정제 Data에서 비지도 학습 통한 분류(패턴)

나. 비지도 학습동작 과정의 설명

과정	설명	비고

Data Set	Label이나 Annotation(주석 달기)한 데이터 셋(비지도학습에서 인지)	문제만 있고 답이 없음
비지도 학습	정답이 없는 Data set내 에서 관계, 분류 등	K-Means
결과 확인	군집, 분류, 패턴 추출등 정상여부	결과 확인
분류	같은 속성 거리 분류, 패턴추출 등	분류결과도출

3. 비지도 학습의 기법 및 알고리즘

가. 군집화(Clustering), 비지도 학습의 기법

구분	기법	설명
군집화	거리기반 군집화	-중심값과의 최소거리 기반 군집 형성 -군집수 선정→좌표계산→중심값이동(반복)
	밀도 기반 군집화	-군집을 이루는 Vector 밀도 기반 군집형성 -군집벡터수선정→반경내 군집→중심벡터 변경(반복)
패턴 인식	전처리/특징추출	-표본화, 정규화, Noise 제거 -주성분분석, Data 마이닝(Mining)
	모델 선택/인식	-Bagging, Boosting, 앙상블 학습 -혼동행렬, ROC Curve, FP Rate

나. 비지도 학습을 이용한 알고리즘

구분	알고리즘	설명
데이터 관계 측면	K-Means	임의의 중심점 기준 최소 거리 기반 군집화 Code-Vector, 유클리드거리계산, 노이즈에 민감
	DBSCAN	반경내 데이터 벡터 밀도 기반 군집화

FP Rate = False Positive Rate

	DBSCAN	minPts(각점최소개수), Core Point 노이즈에 강함
특징추출 측면	Shift	-임의의 영상을 몇개 영역으로 군집화 -컴퓨터 비전, 머신 비전, 영상분할
	주성분분석	-사물의 주요특징 분석& 추출 -차원축소, 축상의 투명도시 등

-비지도 학습은 학습결과에 대한 평가가 어려우며 데이터 이해위한 분석단계에서 주로 사용

4. 지도학습과 비지도 학습 비교

구분	지도학습	비지도 학습
사용이유	예측모델 생성	고차원 데이터 분류
성능평가	교차 검증 수행	검증방법 모호
입력 정보	Labeled Data	Data set
훈련 데이터 여부	있음	없음
Test 데이터 여부	있음	없음
유형	-회귀:(X,Y)로 y=f(x) 파악가능. -분류:Group별특징파악	-군집:데이터 거리 묶음 -패턴인식:여러 그룹인식 -분류:속성별 분류
알고리즘	CNN, RNN, SVM, 의사결정트리 등	-K-Means, DBSCAN, 군집(clustering) 등
장점	사람이 목표값에 개입하여 정확도가 높음	목표값을 정해주지 않아도 되므로 속도가 빠름

단점	시간이 오래 소요되고 학습 Data량이 많음	학습 결과로 분류 기준과 군집 예측 불가
사례	패턴 인식, 질병 진단 주가 예측, 회귀분석 등	스팸필터, 차원 축소 데이터 마이닝, 지식발굴 등

"끝"

문64) 강화학습(Reinforcement Learning)

답)

1. 누적 보상값 최대 정책, 강화 학습의 개요

가. 마르코프 결정 프로세스(MDP) 활용, 강화 학습의 정의

상태 / 보상 / 에이전트 / 행동 ↑ 정책 / 환경

에이전트가 현재 상태(state)에서 향후 기대되는 누적 보상값(Reward)이 최대가 되도록 행동(Action)을 선택하는 정책(Policy)을 찾는 것

나. Reinforcement Learning의 필요성

환경과 정책	환경은 주어지는 것이고 결국 정책을 찾는 것
지도/비지도 학습 보완	학습/결과가 무한히 많은 경우 적용 가능
최적 정책 학습	매순간 특정 행동시 보상(+1, -1) 기반 정책학습 최적

2. 강화 학습의 흐름과 구성요소의 설명

가. 강화 학습의 process(흐름도)

어떤 모르는 환경에서 동작하는 에이전트

에이전트 / 상태(State) / 보상(Reward) / r_{t+1} / S_{t+1} / 환경 / 행동(Action) a_t / 정책 Policy / Markov Decision Process

다음상태보상

$\cdots S_t \; a_t \; r_{t+1} \; S_{t+1} \; a_{t+1} \; r_{t+2} \; S_{t+2} \; a_{t+2} \; r_{t+3} \; S_{t+3} \; a_{t+3} \cdots$

(현재상태)

- 정책 : 각 상태에서 선택할 행동 지침

4. 강화 학습의 구성요소

구성요소	설 명	사 례
상태 (State)	Agent가 인식하는 자신의 현재 상태(State set)	모든 가능한 상태(State)
행동 (Action)	특정 상태에서 판단에 의한 행위(최대 보상가능 행동)	상태 제어, 상태 보완등
보상 (Reward)	주어진 상태에서 특정 Action 시 얻는 Reward(보상)	자전거 배우기 사례
에이전트	특정 상태에서 동작하는 S/W	상태모니터링
환 경	정보시스템 가능/비가능	통계 예측
정 책	각 상태에서 선택할 행동 지침	최대 보상정책
예 측	특정 행동시 다음상태 예측확률	다음상태 예측

3. 강화 학습의 예시 (주어진 문제와 해결 방안)

가. 주어진 문제 (아래 State, Action, Reward의 경우)

S(State) 상태 = {(1,1), (1,2), (1,3), (2,1), (2,2), (2,3), (3,1), (3,2), (3,3), (4,1), (4,2), (4,3)}

A(Action) 행동 = {East, West, South, North} //방향

R(Reward) 보상 ⇒ R(4,3) = +1, R(4,2) = -1

에서 향후 기대되는 누적보상값(Reward)이 최대가 되는 행동(Action)을 선택하는 정책을 찾기

나. 주어진 문제의 분석 및 해결

1) 주어진 문제의 분석 (Matrix화)

3	각상태	-	-	+1 (보상)
2	각상태	-	-	-1 (벌금)
1	각상태	-	-	
	1	2	3	4

2) 정책(Policy) 각상태 S에서 취할 행동 a를 결정

정책 1 / 정책 2

정책 1	1	2	3	4	
3	→	→	→	+1	→ +1점
2	↑		↑→	-1	→ -1점
1	←	←	← ↑	←	← 출발 (S)

정책 2	1	2	3	4	
3	→	→	→	+1	→ +1점
2	↑		↑→	-1	→ -1점
1	→	→	→	↑	출발 →

3) 해결

$V_\pi(S) = \sum P(z) r(z)$

S에서 출발하는 모든경로 z

$r(z) = r_{t+1} + r_{t+2} + r_{t+3} \cdots r_T$

$P(z)$ = 경로 z의 발생 확률

$r(z)$ = 경로 z의 누적 보상액

π = 보상의 합이 최대가 되는 정책 결정

다. 강화학습의 알고리즘

구분	알고리즘	설명
마르코프	반복 값	값 함수가 수렴할때까지 반복
	반복정책	임의 정책이 수렴까지 개선

마르코프	Q-Learning	미래가치(Q) 기반 활동 수행
	SARSA	상태-활동-보상-상태-활동 반복
	학습분류자	규칙과 정책분류 및 보상
진화형	통계적급강하법	통계기반 최적화 수행 방법
	유전알고리즘	환경에 최적화된 개체 선택

4. 강화학습의 활용분야

분야	설명
로봇제어	최고의 승률을 위한 최적 경로 탐색
게임 개인화	활동과 보상(Reward)기반 최적 행동도출
공정 최적화	최적의 정책 도출하여 공정을 최적화
웹정보검색	사용자 정보요구 기반 최적문서 선별
바둑, 게임등	최적 승률 저장, 실행, 승률게임 적용

"끝"

문 65) Deep Learning

답)

1. DNN을 이용한 기계학습방법, Deep Learning 개요

가. Deep Learning의 개요

- 사람의 개입이 필요한 기존의 지도학습에 보다 능동적인 비지도 학습이 결합돼 Computer가 사람처럼 스스로 학습할 수 있는 인공지능 기술

나. Deep Learning의 등장배경

등장배경	설 명
모델의 단점극복	Back Propagation(오류역전파 알고리즘)의 overfitting(과적합) 문제 개선
H/W 발전	GPGPU 성능향상, CPU의 Computing 능력 up, Graphics processing 속도 향상 등
BigData	대량 Data, 수집/전처리/정제/분석/활용등 SNS 정보, 각종 산업 정보 홍수 등

다. DNN의 신경망구조

- 입력계층과 출력계층이 은닉계층을 통해 연결된 구조
- Node들 간의 연결강도가 System의 기능을 결정하는 parameter. (이 파라미터를 Data로부터 학습)
- Deep Learning은 심층신경망(DNN, Deep Neural Networks) 이론에 기반한 일련의 기계학습의 집합체로 Computer에게 사람의 사고방식을 가르치는 알고리즘.

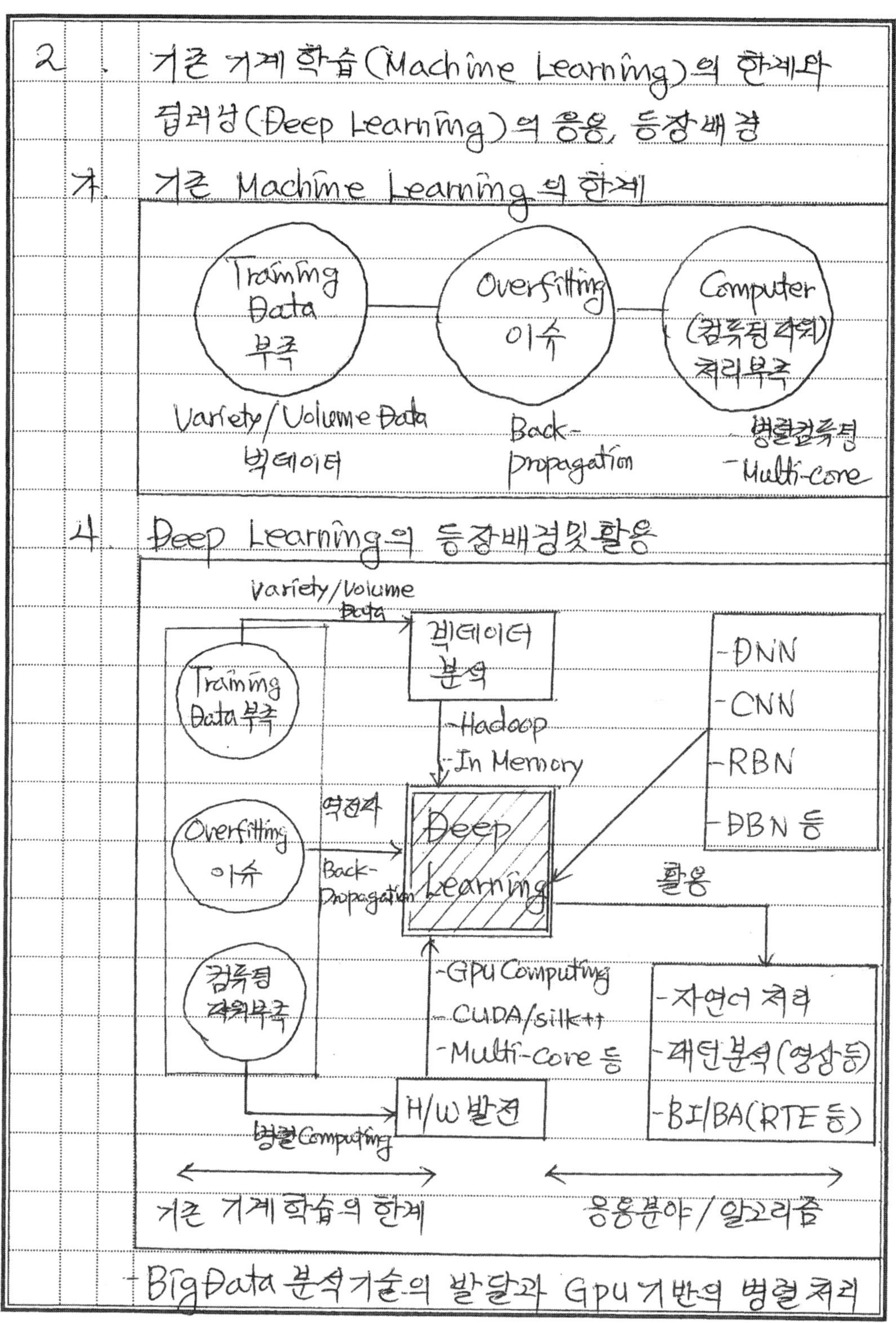

2. 기존 기계 학습(Machine Learning)의 한계와 딥러닝(Deep Learning)의 응용, 등장배경

가. 기존 Machine Learning의 한계

나. Deep Learning의 등장배경 및 활용

- Big Data 분석기술의 발달과 GPU 기반의 병렬 처리

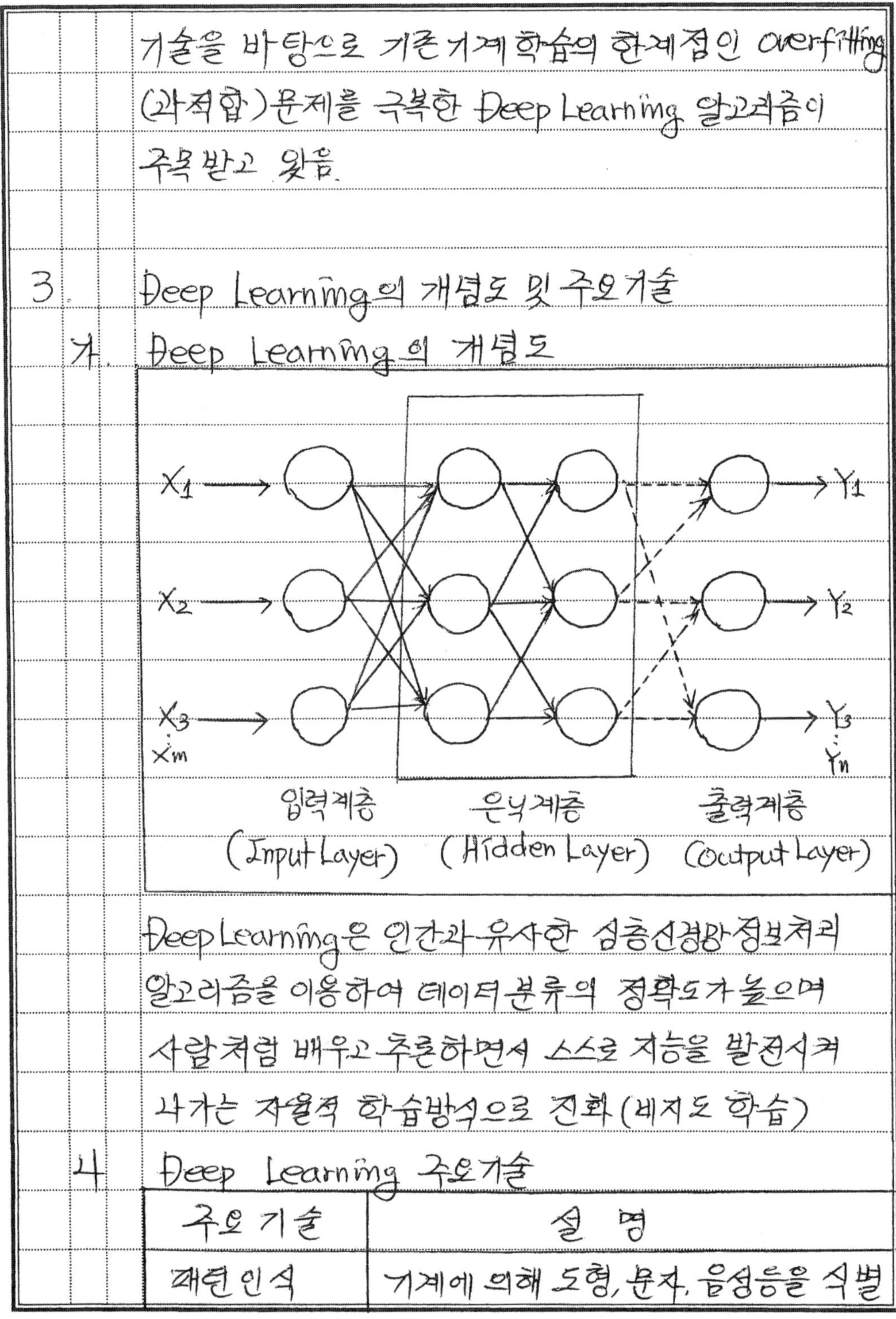

기술을 바탕으로 기존 기계학습의 한계점인 overfitting (과적합) 문제를 극복한 Deep Learning 알고리즘이 주목받고 있음.

3. Deep Learning의 개념도 및 주요기술

가. Deep Learning의 개념도

Deep Learning은 인간과 유사한 심층신경망 정보처리 알고리즘을 이용하여 데이터 분류의 정확도가 높으며 사람처럼 배우고 추론하면서 스스로 지능을 발전시켜 나가는 자율적 학습방식으로 진화 (비지도 학습)

4. Deep Learning 주요기술

주요 기술	설 명
패턴인식	기계에 의해 도형, 문자, 음성 등을 식별

자연어 처리	인간이 보통 쓰는 언어를 컴퓨터가 인식하여식별
자동 제어	제어 대상오차를 자동으로 조정하는기술
RPA	인지능력을 로봇에게 부여하는 기술
컴퓨터 비전	로봇의 눈을 만드는 연구분야
가상 현실	가상 현실 생성, 실 제 상황처럼 상호작용
데이터 마이닝	빅데이터 가운데 실행가능한 정보 추출
시멘틱 웹	논리적 추론이 가능한 웹 구현

4. Deeplearning의 동향

- 구글 : DeepMind사 인수후 인공지능사업 본격추진
- IBM : 고성능 Computer. 자연어분석& 질의응답에 특화
- MS : 영상인식 인공지능 project
- FaceBook : Deepface, 얼굴인식 프로그램
- 국내 : Naver 음성인식, 뉴스요약(다음), 이미지분석등

"끝"

문 66) MCP(McCulloch-Pitts : 맥컬록-피트) Neuron과 Perceptron 이론

답)

1. 입력/출력관계의 뇌세포 구조생각, MCP뉴런의 개요

가. 입력신호 → 연산과정 → 출력신호 구성, MCP뉴런의 정의

사람의 뇌속에는 뉴런(Neuron)이 1000억개 가까이 서로가 다층적으로 복잡하게 연결, 인간이 수행하는 모든일에 관여

나. MCP뉴런의 생각(구조)

- 하나의 사람 뇌 신경세포를 하나의 이진(Binary, 0 또는 1, 참과 거짓, On과 Off, 한다와 안한다 등등) 출력을 가지는 단순 논리 게이트(Gate)로 생각

2. Perceptron 이론의 탄생

- MCP Neuron 모델을 기초로 Perceptron 학습 규칙 개념고안

가. Perceptron의 정의

- 두뇌의 인지능력을 모방하도록 만든 인위적인 Network

- 입력/ 중간층(연산, Mining) / 출력층으로 구성된 인공신경망 구조 (사람의 뉴런동작과 유사하게 동작)

4. Perceptron의 구조와 설명

입력층 / 중간층 / 출력층

x_0, x_1, x_2, …, x_n — w_0, w_1, w_2, …, w_n → Node 뉴런 → Output 결과값

연산

- 입력층(Input) : 외부 자극을 받아들임 전달
- 중간층(연산, Mining) : 수용층의 가중입력을 받아 반응층으로
- 반응층(출력층) : 최종출력

3. MCP뉴런 → Perceptron이론 → 기계 학습으로 발전

- MCP뉴런모델을 기초로 perceptron 학습규칙 개념고안
- 하나의 MCP뉴런이 출력신호를 발생할지 안 할지 결정하기 위해 MCP뉴런으로 들어오는 각 Input값에 곱해지는 가중치 값을 자동적으로 학습하는 알고리즘 제안
(기계학습 - Machine Learning)

"끝"

문 67) 헵 규칙(Hebb Rule)

답)

1. 신경망 알고리즘의 원리, Hebb Rule의 개요

가. 인공신경망의 가중치 개념 적용, Hebb Rule의 정의

두개의 뉴런 A, B가 서로 반복적이고 지속적으로 점화(firing)하여 어느 한쪽 또는 양쪽 모두에 어떤 변화를 야기한다면 상호간의 점화의 효율(weight)은 점점 커지게 된다는 이론

나. 헵(Hebb) 학습규칙(Learning Rule)의 기원

- 1949년 캐나다의 심리학자 도날드 헵의 저서 발간
- 헵(Hebb)의 시냅스로 알려진 시냅스의 연결 강도 조정을 위한 생리학적 학습규칙 기술

2. Hebb의 개념도 및 설명

가. Hebb의 개념도

나. Hebb 뉴런의 연결

- 신경망 Model의 학습규칙의 토대가 됨

3. 헵 규칙 (Hebb Rule)의 의미

- 인공신경망 (Artificial Neural Network)의 가중치 (Weights) 개념의 도입
- 신호전달시 반복적 또는 지속적으로 신호가 자극됨에 따라 뉴런 A에서 뉴런 B로 가는 경로인 시냅스 연결강화

"끝"

문 68) 퍼셉트론 (Perceptron)

답)

1. 학습 가능한 신경망 모델, Perceptron의 개요

가. 단층 퍼셉트론 (Single perceptron)의 정의

1958년 로젠블래트(Rosenblatt)가 제안, n개의 Input에 각각 Weight를 적용하여 가중치의 합을 구하는 형태(선형 결합), Input과 Output으로 구성

나. 다층 퍼셉트론 (Multi Layer Perceptron)의 정의

- 입력층과 출력층 사이에 하나 이상의 은닉층(Hidden Layer)을 가지는 전방향 신경회로망
- 단층 perceptron의 한계를 개선한 여러 개의 퍼셉트론(perceptron)을 층 구조로 구성한 신경망 모델

2. Perceptron의 구조 및 설명

가. Perceptron의 구조 (단층 구조)

나. 단층 perceptron의 구조 설명

단층 perceptron에서는 활성함수가 순입력 함수의 리턴(Return)값을 임계값 기준으로 1 또는 -1로 리턴한 값과 실제 결과값을 임계값을 기준으로 1 또는 -1로 리턴한 값을 비교하여 가중치를 업데이트 하도록 하거나 결과(Result)를 출력(Output)

3. 단층 Perceptron의 성능개선(아달라인 개념 적용) 및 설명

가. 단층 perceptron의 성능 개선 구조도

입력값 / 실제값과 예측값의 차이가 있으면 경사하강법으로 가중치 update

x_0, x_1, x_2, …, x_n (Training Data) — w_0, w_1, w_2, w_n → $\Sigma x_i w_i$ (순입력함수) → (실제값-예측값) 계산 (활성함수) → Quantizer → 예측값 (-1 또는 1)

양자화 ← 디지털화, 아나로그

나. 단층 perceptron 성능개선 설명

- 아달라인(Adaline)에서는 순입력 함수의 리턴값과 실제 결과값을 비교하여 이 오차가 최소가 되도록 가중치를 업데이트(update) 하는 기능을 활성함수가 수행하게 됨. 이를 위해 비용함수(Cost Function)를 정의하고 비용함수가 최소가 되도록 가중치를 업데이트 하는 것이

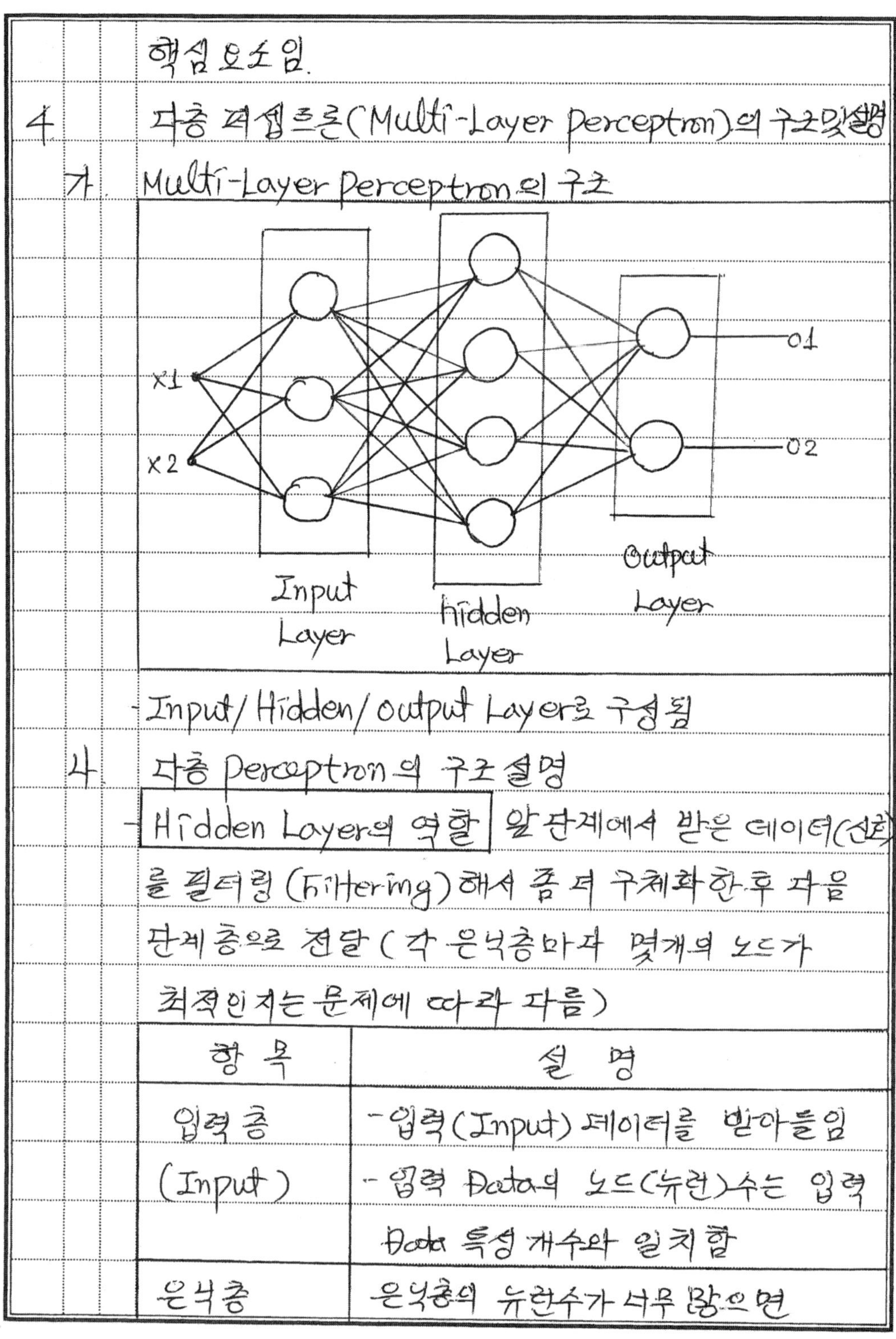

핵심요소임.

4 다층 퍼셉트론(Multi-Layer Perceptron)의 구조및설명

가. Multi-Layer Perceptron의 구조

- Input/Hidden/output Layer로 구성됨

나. 다층 Perceptron의 구조설명

- Hidden Layer의 역할 앞 단계에서 받은 데이터(신호)를 필터링(filtering)해서 좀 더 구체화한 후 다음 단계층으로 전달 (각 은닉층마다 몇개의 노드가 최적인지는 문제에 따라 다름)

항목	설명
입력층 (Input)	- 입력(Input) 데이터를 받아들임 - 입력 Data의 노드(뉴런)수는 입력 Data 특성 개수와 일치함
은닉층	- 은닉층의 뉴런수가 너무 많으면

Hidden Layer	overfitting이 발생, 너무 적으면 충분히 표현하지 못함. 은닉층의 뉴런수와 은닉층의 개수는 신경망 설계자의 직관과 경험에 의존
Output Layer	해결하고자 하는 문제의 성격. (ex: 필기체 숫자를 인식한다면 0~9까지 10개 노드(Node)로 선정

"끝"

문 69) 아달라인(Adaline)

답)

1. Adaptive Linear Neutron, Adaline의 개요

가. 가중치(Weight) 조정, Adaline의 정의

단층신경망에서 적당한 가중치를 알아내기 위해 출력층의 출력값의 오차에 비례해 가중치를 조절하는 인공신경망 알고리즘(일명 델타규칙(Delta Rule)이라고도 함)

나. Adaline 알고리즘의 특징

- 역전파 알고리즘의 기본 이론
- 원하는 Output이 도출되도록 연결강도(Wi)를 바꾸어 가는 것
- 회귀분석(Regression), SVM에 대한 알고리즘의 토대

2. Adaline과 Perceptron의 비교

가. Adaline(아달라인)의 도식과 설명

- 순입력 함수의 리턴값과 실제값을 비교하여 이 오차가 최소가 되도록 가중치 조정
- 최소제곱법을 이용한 비용함수 사용

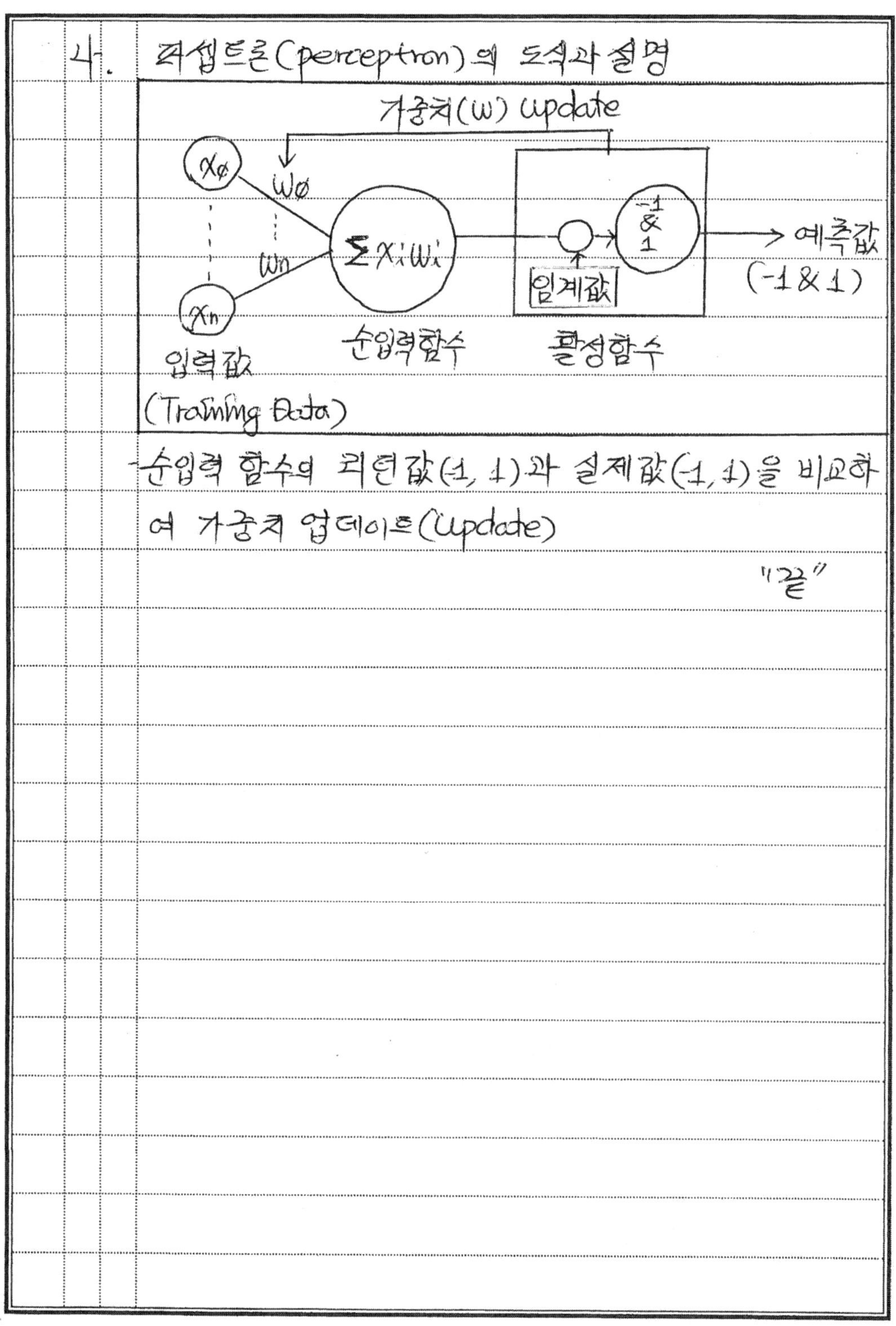

4. 퍼셉트론(perceptron)의 도식과 설명

- 순입력 함수의 리턴값(-1, 1)과 실제값(-1, 1)을 비교하여 가중치 업데이트(update)

"끝"

문 70) 활성화 함수(Activation Function)

답)

1. 뉴런(Neuron)의 출력결정 활성화 함수의 정의

인공신경망 모델에서 뉴런(Neuron)의 주요기능은 입력과 연결강도의 가중합을 구한 다음, 활성화 함수에 의해 출력(output)을 내보냄. 즉, 어떤 활성화 함수를 선택하느냐에 따라 뉴런의 출력이 달라질 수도 있음.

2. 뉴런구조와 활성화 함수(f)의 위치 & 설명

가. 뉴런의 구조

x1, x2, x3, ..., xn → w1, w2, w3, ..., wn → Σ (연산) → f → Out(출력)

x∅ → w∅ (바이어스(Bias))

활성화 함수: Threshold, Sigmoid, ReLu, Tanh 등

Input

f(활성화함수)에 따라 out(출력)이 결정됨

4. Neuron의 구조 설명

분류	영문	표기	설 명
입력값	Input	$x_1 \sim x_n$	여러개의 입력 Vector
출력값	Output	out	출력
임계치	Threshold	-	어떠한 값이 활성화되기 위한 최소값

분류	영문	표기	설명
가중치	Weight	$W_1 \sim W_n$	-
바이어스	Bias	$X_\emptyset$, 바이어스 기울기는 $W_\emptyset$	선형경계의 절편을 나타내는 값, 직선의 경우는 y절편, 오차보정
Net 값	Net Value	-	입력값과 가중치(weight)의 곱을 모두 합한 값
활성함수	Activation Function	f	Net 값(뉴런에서 계산)이 임계치보다 크면 1을 출력, 임계치보다 작은 경우에는 ∅을 출력하는 함수
뉴런 (Neuron)	Neuron	-	Net값이 임계치보다 크면 활성화되면서 1을 출력하고 반대의 경우에는 비활성화 되면서 ∅을 출력

③. 활성화 함수의 설명

가. Threshold Function (step function)

<단극성> ∅, 1의 값

$$\phi(x) = \begin{cases} 1 & \text{if } x \geq \emptyset \\ \emptyset & \text{if } x < \emptyset \end{cases}$$

y, 1, ∅, Threshold, x, $\sum_{i=1}^{m} w_i x_i$

<양극성>

y, 1, ∅, -1, x

-1과 1의 값

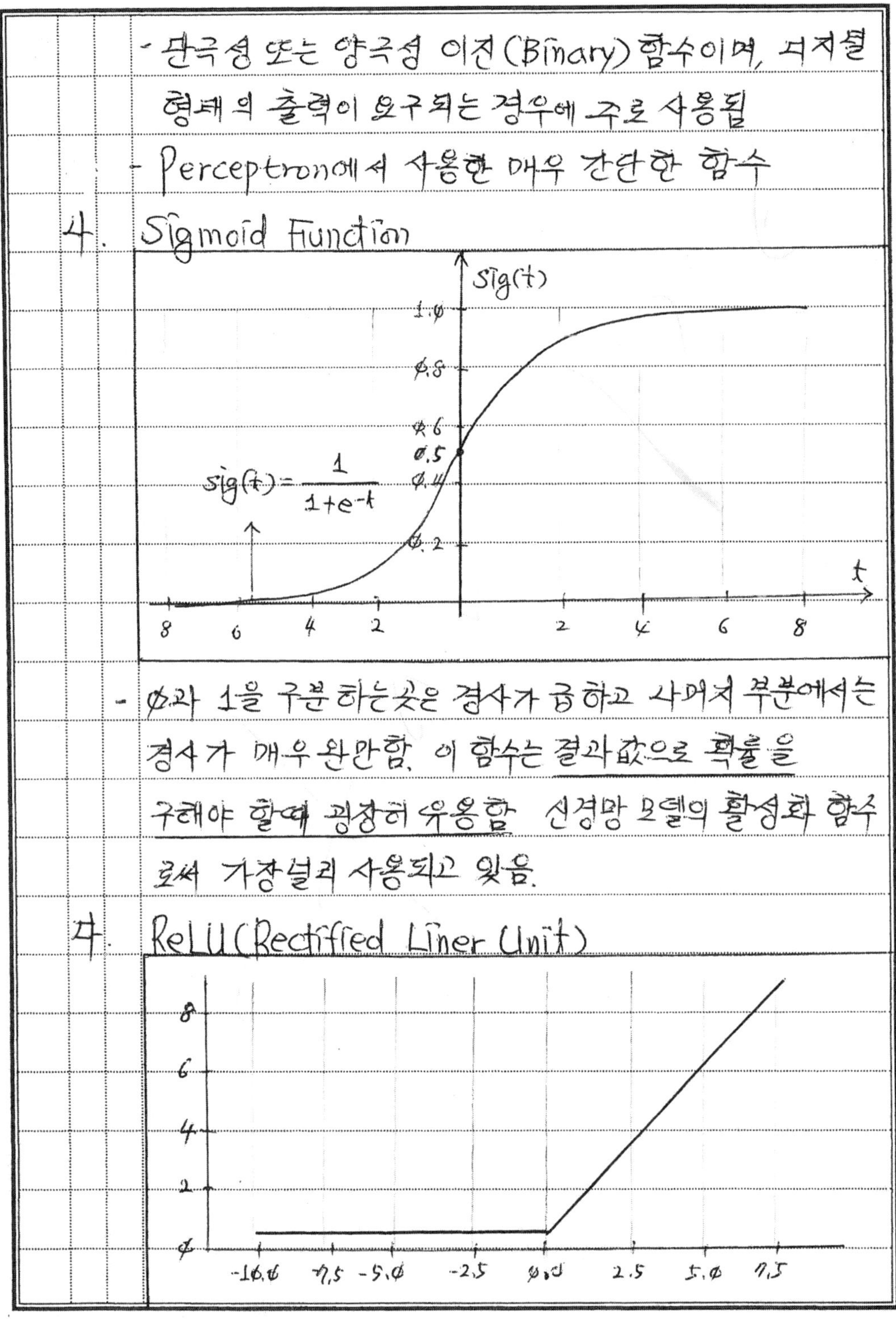

- 단극성 또는 양극성 이진(Binary) 함수이며, 디지털 형태의 출력이 요구되는 경우에 주로 사용됨
- Perceptron에서 사용한 매우 간단한 함수

4. Sigmoid Function

- 0과 1을 구분하는 곳은 경사가 급하고 나머지 부분에서는 경사가 매우 완만함. 이 함수는 결과값으로 확률을 구해야 할때 굉장히 유용함. 신경망 모델의 활성화 함수로써 가장 널리 사용되고 있음.

5. ReLU(Rectified Liner Unit)

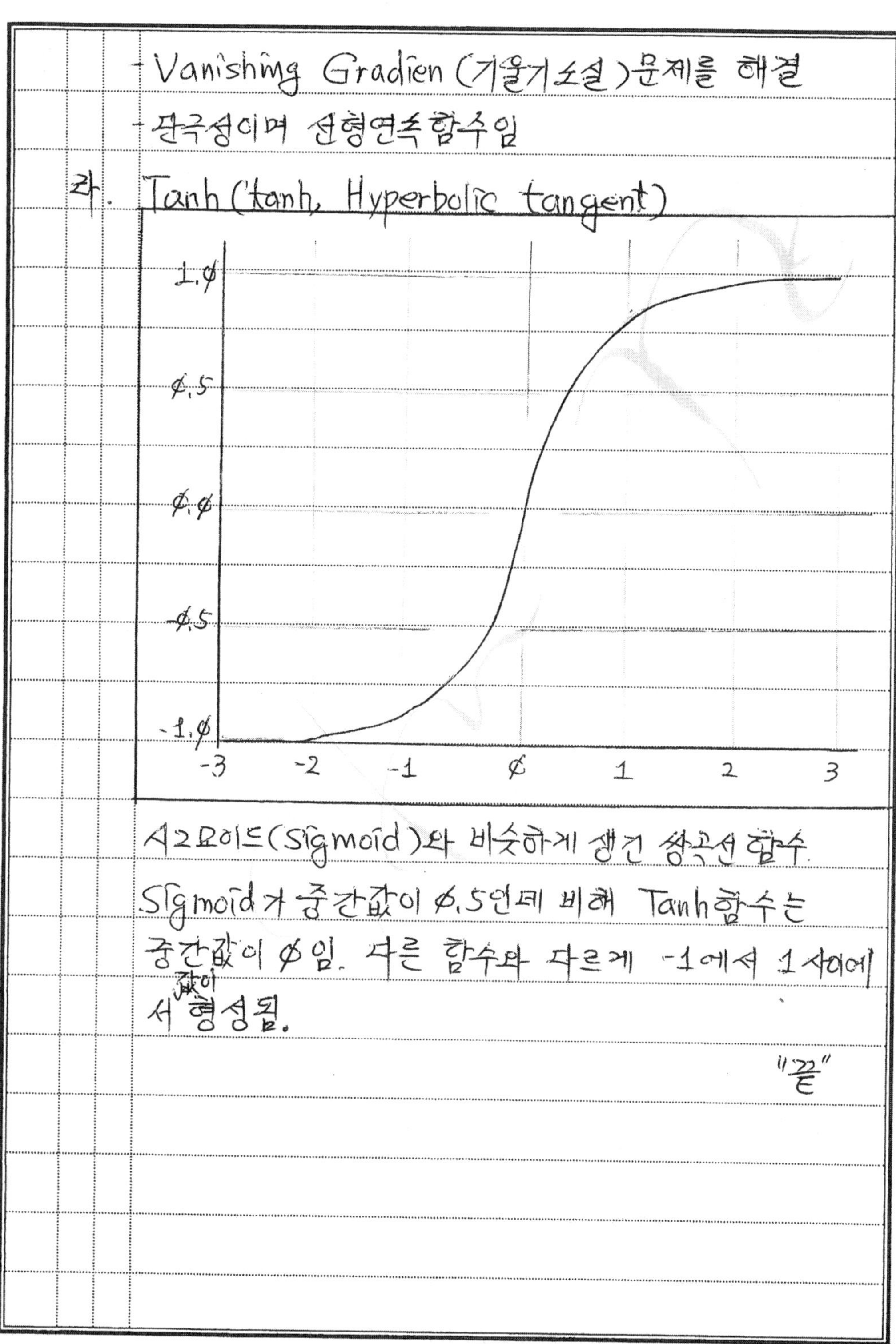

- Vanishing Gradien (기울기소실) 문제를 해결
- 단극성이며 선형연속함수임

라. Tanh(tanh, Hyperbolic tangent)

시그모이드(Sigmoid)와 비슷하게 생긴 쌍곡선 함수. Sigmoid가 중간값이 0.5인데 비해 Tanh함수는 중간값이 0임. 다른 함수와 다르게 -1에서 1 사이에서 값이 형성됨.

"끝"

문 7) 활성화 함수(Activation Function)

답)

1. 활성화 함수 도식 및 정의

정의	입력(Input) 받은 데이터를 다음층(Next Layer)으로 어떻게 출력할지를 결정하는 함수

2. 활성화 함수의 종류

Step → Sigmoid → Tanh → ReLu → ELu → Leaky ReLu → Soft max

→ 성능, 정밀도 등 보완하면서 발전됨

3. 활성화 함수의 도식(그래프), 설명, 특징

함수	그래프	설명	특징
Step (계단 함수)	1 / ∅, 차이	∅이상 → 1 ∅미만 → ∅ 차이) (∅과 1 사이 많은 값	최초신경망 (퍼셉트론)에서 사용
시그모이드 (sigmoid) 함수	1, ∅, x, 0.5 가능 Sigmoid $f(x) = \frac{1}{1+e^{-x}}$	∅과 1 사이의 실수로 이루어진 함수 (기울기소실 -Vanishing gradient 문제)	Step 함수 대비 정교함 (정교한 실수 전달 가능)

하이퍼볼릭 탄젠트 (Tanh) 함수	1 Ø -1	1과 -1 사이의 값을 계산 (기울기 사라짐 문제 있음)	값의 중심이 Ø의 값
ReLU (Rectified Linear Unit)	$R(z)=max(Ø, z)$ 10, 8, 6, 4, 2, Ø -10 -5 Ø 5 10	Ø이하는 Ø으로 고정 Ø값 초과시 해당값 그대로 출력 (Simple함)	기울기 소실 문제 제거. 연산 간단 (3개 명령만으로 수행)
ELU (Exponential Linear Unit)	10, 8, 6, 4, 2, Ø, -1	ReLU는 Ø이하는 Ø값으로 Dying ReLU (뉴런이 Ø을 출력하여 더이상 학습 안되는 문제) 발생 (Ø이하 비선형적)	$R(z) = \begin{cases} z & z>Ø \\ \alpha\cdot(e^z-1) & z\leq Ø \end{cases}$
(Macro) 매크로 Code	`def ELU(z, alpha): return z if z>Ø else alpha*(e^z-1)`		
Leaky ReLU 함수	2, 1, Ø, -1 -1 Ø 1 2	ELU와 마찬가지로 Dying ReLU를 방지하는 함수 (Ø이하는 선형적임)	$R(z) = \begin{cases} z & z>0 \\ \alpha z & z<=Ø \end{cases}$
매크로 Code	`def leakyrelu(z, alpha): return max(alpha*z, z)`		
Softmax 함수	활성화 함수이지만 그래프가 존재하지 않는 함수	데이터가 특정 클래스에 속할 확률이 얼마인지 구하는 함수	Softmax 함수를 써서 모든결과 1로 수렴 가능.

4 Sigmoid 함수에서의 기울기소실 문제 해결방안

가. Sigmoid 함수의 Graph

- 기울기소실문제 발생 : 입력값이 아무리 커도 미분값의 범위가 제한됨으로써 층이 많을수록 gradient 값이 0에 수렴하는 문제가 있음

나. 기울기소실문제 (Vanishing gradient problem) 개선

- ReLU(Rectified Linear Unit) 함수 적용.

"끝"

문72) FFNN(Feed Forward Neural Network)

답)

1. 입력→은닉→출력으로 구성, FFNN의 정의

신경망에서 정보의 흐름이 입력→은닉(Hidden)→출력층으로 정보가 전방(Forward)으로 전달되는 인공 신경망 (가장 일반적인 Neural Network 임)

2. Feed Forward NN의 개념도와 구성요소

가. Feed Forward NN의 개념도

Input　　Hidden　　Output Layer(units)

- Input, Hidden, Output 층으로 구성

나. Feed Forward NN의 구성

구성	내용
Input Layer	입력 계층(Data Input)
Hidden Layer	은닉 계층(하나이상의 Hidden Layer의 경우는 Deep NN임)
Output Layer	출력 계층 (결과 Output)

3 DNN의 등장

Hidden Layer가 2개 이상

Input

Hidden Layer

output

입력과 출력Layer 사이에 다수의 Hidden Layer 탑재

"끝"

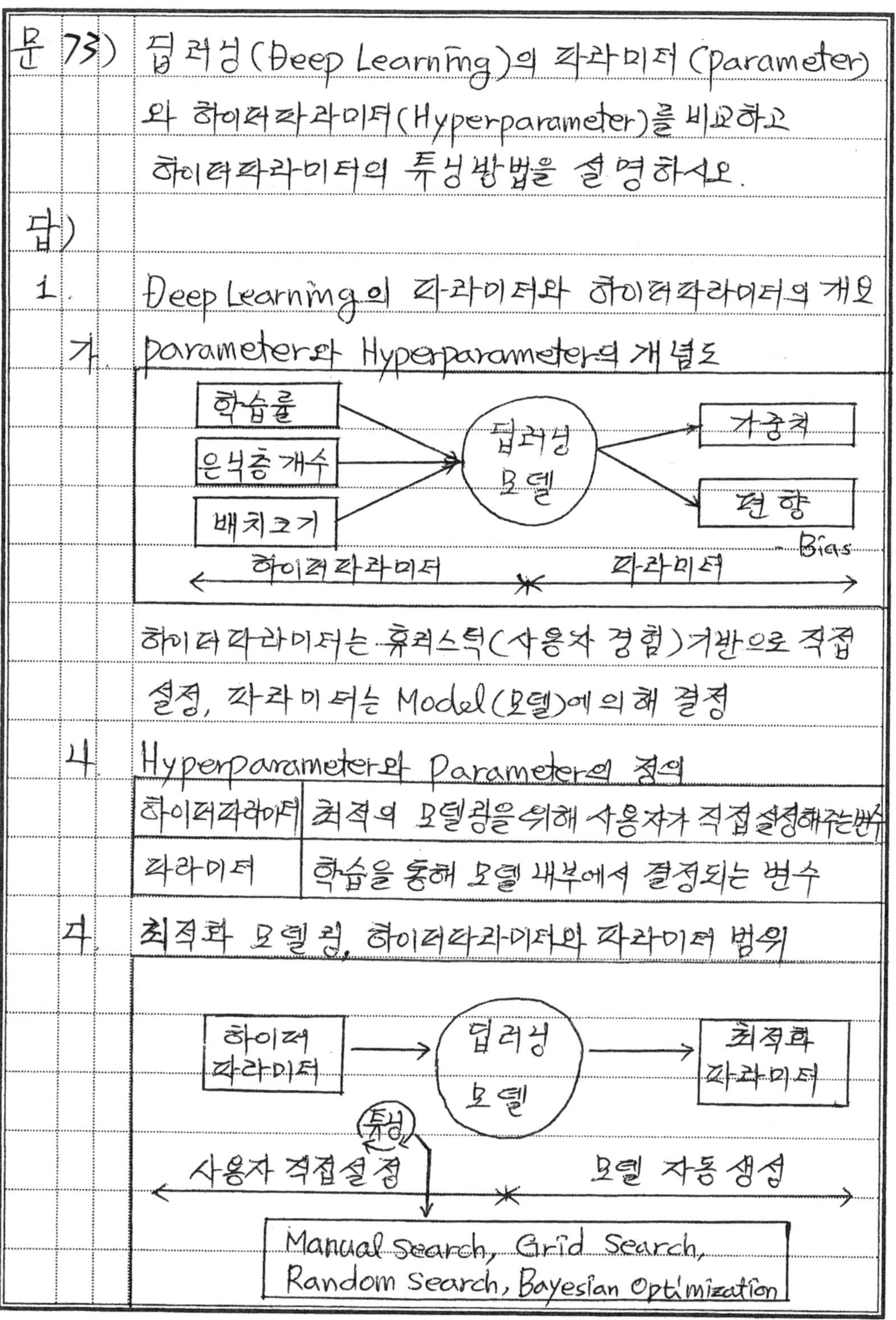

문 73) 딥러닝(Deep Learning)의 파라미터(Parameter)와 하이퍼파라미터(Hyperparameter)를 비교하고 하이퍼파라미터의 튜닝방법을 설명하시오.

답)

1. Deep Learning의 파라미터와 하이퍼파라미터의 개요

가. Parameter와 Hyperparameter의 개념도

하이퍼파라미터는 휴리스틱(사용자 경험) 기반으로 직접 설정, 파라미터는 Model(모델)에 의해 결정

나. Hyperparameter와 Parameter의 정의

하이퍼파라미터	최적의 모델링을 위해 사용자가 직접 설정해주는 변수
파라미터	학습을 통해 모델 내부에서 결정되는 변수

다. 최적화 모델링, 하이퍼파라미터와 파라미터 범위

2. 비교와 Hyperparameter의 종류

가. Parameter와 Hyperparameter의 특징비교

구분	하이퍼파라미터	파라미터
목적	모델링최적화파라미터값도출	최적화된 딥러닝 모델구현
생성주체	사용자가 판단을 통해생성	데이터를 학습한모델이 생성
종류	-학습률 -경사하강법 반복횟수 -활성화 함수	-인공신경망 가중치 -SVM에서의 서포트벡터 -선형회귀에서의 결정계수
조정여부	하이퍼파라미터조정가능	파라미터 임의 조정불가

- Deep Learning 모델 최적의 파라미터 값 도출을 위해 Hyperparameter 튜닝이 필수

나. Hyperparameter의 종류

종류	설명	적용시 고려사항
학습률 (Learning Rate)	Gradient(경사도)의 방향으로 얼마나 빠르게 이동할 것인지 결정하는 변수	너무 작으면 학습의 속도가 늦고, 너무크면 학습불가
손실함수 (Cost Function)	입력(Input)에 따른기대값과 실제 값의 차이를 계산하는 함수	-평균 제곱오차 고려 -교차 엔트로피 (Entropy) 오차고려
정규화 (일반화) 파라미터	과적합(Overfitting) 문제 회피위해 정규화 방법(L1/L2) 사용	사용하는 일반화 변수도 하이퍼파라미터로 분류

미니 배치 크기(Mini-Batch size)	배치셋(Batch set) 수행을 위해 전체 학습 Data를 등분하는(나누는) 크기	가용 Memory 크기와 Epoch(한번 학습한 상태) 수행 성능을 고려
훈련반복횟수(Training Loop)	학습의 조기 종료를 결정하는 변수	학습 효율이 떨어지는 시점을 적절히 판단
은닉층의 뉴런개수(Hidden Unit)	훈련(Training) 데이터에 대한 학습 최적화 결정 변수	첫 Hidden Layer의 뉴런수가 Input Layer보다 큰 것이 효과적
가중치초기화(Weight)	학습 성능에 대한 결정 변수	모든 초기값이 0일 경우 모든 뉴런이 동일한 결과

이외에도 다양한 Hyperparameter가 존재하고 최적의 일반화 모델 생성을 위해 하이퍼 파라미터의 튜닝이 필요

[상세설명

3. 최적의 모델 도출을 위한 Hyperparameter의 튜닝 방법 및

가. Hyperparameter의 튜닝방법

탐색 체계성 부여 ↓

Manual Search
- 휴리스틱 기반 방식
- 탐색의 단순성

↓

Grid Search
- 모든 조합 탐색
- 균등 탐색

↓

불필요 반복횟수 개선 ↓

Random Search
- 랜덤 샘플링
- 최대값 최소값 부여

↓

추출 범위 개선	↓	Bayesian Optimization	-기존 추출 기반 탐색 -Bayesian Theory

학습의 규모가 커질수록 탐색시간 기준 Bayesian 최적화가 가장 우수하지만 모델 수준등을 고려할때 상황에 맞는 튜닝방법을 선택하는 것이 핵심

4. Hyperparameter의 튜닝 상세

튜닝방법	요소	설명
Manual Search	휴리스틱 조합	사용자의 직관과 경험 기반탐색
	탐색의 단순성	사용자가 도출한조합중 최적조합
Grid Search	모든 조합 탐색	Hyperparameter 적용값 전체 탐색
	시행 횟수 한계	하이퍼파라미터 개수 증가에 따른 전수 탐색 한계
Random Search	랜덤 샘플링	범위내 무작위 값 반복 추출
	탐색 범위부여	하이퍼파라미터 최소/최대값 부여
Bayesian 최적화 (Optimization)	관측 Data 기반의 F(x)추정	-Bayesian 정리활용 -Gaussian Process
	습득(Acquisition) Function	확률추정 결과를 바탕으로 입력값 후보 추천 함수

"끝"

문 74) Backpropagation (역전파법)

답)

1. 오차역전파법, 오차 Feedback, Backpropagation의 「개념」
전방(Feed Forward) 연산 이후, 에러(Error) 예측값과 True 값과의 오차를 후방(Backward)으로 다시 보내줌으로써 각 노드에 최적의 Weight(가중치)와 Bias를 학습하는 기법

2. 오차역전파법(Backpropagation)의 구조 및 설명

가. 오차역전파법의 구조

Input Layer
Hidden
output Layer
Input1
Input2
Input3
error
← Error Back propagation
↓
오차역전파

나. 오차역전파법의 설명
결과값(output)을 통해서 다시 역으로 Input 방향으로 오차를 다시 보내어 가중치(Weight)를 재 업데이트(Update)

3. 오차역전파법의 동작절차

가. 동작절차 -1

① 환경변수지정 — 입력값, 결과값, 학습률, 활성화함수(f), 가중치(W) 등
↓
② 신경망 실행 ←
↓

⑤은닉층 가중치 수정

경사하강법 사용

④출력층 가중치 수정

오차 측정

③ 결과를 실제값과 비교

오차역전파 (Back-Propagation)

결과출력 가능 (원하는 값의 범위)

⑥ 결과 출력

4. 역전파시 경사하강법(Gradient Descent)의 사용이유

너무 많은 신경망 안의 가중치조합을 모두 계산하면 시간이 오래 걸리기 때문에 효율성을 고려하여 고안된 방법

"끝"

문75) 기울기 소실 문제(Vanishing Gradient Problem)

답)

1. 기울기가 사라짐. 기울기 소실(Vanishing G.P)의 개념도

역전파 과정에서 입력층으로 갈수록 기울기(Gradient)가 점차적으로 작아져 입력층에 가까운층들에게 가중치들이 update가 제대로 되지 않는 현상

2. 기울기 소실 문제 해결 기법, ReLU

가. ReLU(Rectified Linear Unit) 개념

$$f = \begin{cases} (x<0) & f(x)=\emptyset \\ (x \geq 0) & f(x)=x \end{cases}$$

-입력값이 ∅보다 작으면 ∅, 입력값이 ∅보다 크면 입력그대로

나. ReLU 특징

장점 (속도빠름)	Sigmoid나 tanh 함수와 비교 했을때 경사하강(Gradient Decent)의 수렴속도가 매우 빠름
단점 (Die)	x<0일때 기울기가 ∅이기 때문에 만약 입력값이 ∅보다 작으면 뉴런이 die(동작안됨) 현상 존재

3. ReLU 함수의 개선

가. 개선된 함수의 적용(Leaky ReLU, PReLU(Parametric))

Leaky ReLU	Dying ReLU 현상을 해결하기위해 제시된 함수
	ReLU는 x<∅ 일때 함수값이 ∅이지만

Leaky ReLU	Leaky ReLU는 기울기 부여 $F(x) = max(0.01x, x)$
PReLU	Leaky ReLU와 비슷하지만 파라미터 a 추가. $F(x) = max(ax, x)$ / a는 파라미터

4. 기울기 소실 해결 방안들

타 함수 사용	Leaky ReLU, PReLU 함수 사용
기울기 Clipping	기울기 폭주 방지, 임계값 초과되지 않도록 기울기 값을 자름
가중치 초기화	가중치 초기값을 적절히 조정
배치 정규화	각 층에 들어가는 입력을 평균과 분산으로 정규화

"끝"

문 76) 경사하강법(Gradient Descent)

답)

1. 신경망의 연결 가중치 최적화, 경사하강법의 정의

- 함수의 기울기를 구하여 기울기가 낮은 쪽으로 계속 이동시켜서 극값(경사)에 이를 때까지 반복하는 최적화 알고리즘
- Cost Function의 최소값을 찾는 옵티마이저의 한 유형

2. 경사하강법의 개념도와 해당 함수

가. 경사하강법의 개념도

나. 경사하강법의 함수

경사하강법	신경망
변수 x	각 연결의 가중치(Weight)
함수 f	훈련 Data의 훈련결과와 실제값의 차이를 제곱해서 더한 값에 훈련 Data의 개수만큼 반복계산
함수의 경사 $\frac{\partial f}{\partial x}$	최소화하기 위해 어떻게 계산할지 여부
움직임의 정도 ε	학습률

3. 경사하강법 사용시 문제점 및 개선 방안

구분	문제	개선
정확한 최저점 탐색 실패	f(x) start 1'st 2nd 최저점으로 판단 x - 최저지점을 지나침	① 확률적 경사하강법적용 ② Adagrad 방식 start 변수의 업데이트 빈도에 따라 학습률을 조절하는 기법
국소 최저점 (Local Minimum) ↓ global Minimum 탐색 실패	잘못된 최저점에 걸림	① 모멘텀: 학습률을 관성을 고려해 조정 (정확도 개선, 연산부담↓) ② RMSprop: 학습률조절 이전 학습률의 평균을 이용하여 적용

"끝"

문 77) Overfitting, Underfitting, Best fitting

답)

1. 과적합(Overfit), 부적합(Underfit), Bestfit의 개념

분류	설명
과적합(Over)	-학습데이터에서는 성능(정확도)이 좋지만 실제 Data에서는 성능이 떨어지는 현상 예) 지도학습 통해 학습분류 양호하나 실전에서는 분류성능 저하
부적합(Under)	-적정(특정)수준의 학습을 하지 못해 실제 성능이 떨어지는 현상 예) 둥근모양은 Ball로 학습 → 사과나 달도 Ball(공)으로 판단(Underfitting)
적합(Best)	적정 수준의 학습으로 실제 적정한 일반화 수준으로 판단 (기계학습 지향)

2. 과적합, 부적합, 적합 개념도

구분	과적합(Over)	부적합	적합
Training Set (Old Data) 개발과정			
Test Set (New Data) 실제과정			

3 과적합(Overfitting)의 발생원인과 대응방안

가. Overfitting의 발생원인

구분	설명
Over training	지나친 학습(Training)
지나친 튜닝	Overfitting due to Noise
Data skewness	범주별 Data 셋을 잘 분류하지 못한 경우
부족한 사례	불충분한 Data set
과도하게 복잡	불필요하게 복잡한 Model

4. Overfitting(과적합) 대응 사례

- 모수 집단의 일정크기, 범위를 선택하여 에이러 범위줄임
- 교차검증을 많이 수행, 일반적인 모델 도출
- 여러 모델을 가지고 작업하여 결과 비교분석

"끝"

문78) Overfitting과 Underfitting 해결방안

답)

1 Overfitting(과적합)과 Underfitting(부적합) 발생경우

Overfitting 과적합	많은 공통특성중 일부 특성만 반영하여 새로운 데이터에 대한 prediction에 대해서 잘못된 분류를 하는 경우.
Underfitting 부적합	많은 공통특성이외에 지엽적인 특징까지 반영하여 새로운 데이터에 대한 prediction에 대해서 잘못분류하는 경우.

2 Overfitting, Underfitting, Best-fitting 그래프

- Overfit : 일반화 되지 못한 학습데이터
- Undefit : 학습하기에 부족한 데이터

3 Underfit와 Overfit의 해결 방안

가. Underfit의 해결 방안

- 충분한 학습데이터 확보
- 편향되지 않고 균형있는 학습데이터 활용

- 전체 대상을 포함 할수 있는 넓은 범위 확보

나. Overfitting 해결방안

정규화 (Regularization)	데이터를 일정한 규칙에 따라 변형하여 이용하기 쉽게 만드는 과정
교차검증 (Cross Validation)	주어진 Data를 일부는 학습 시켜모델(Model)을 만드는데 사용하고 일부는 모델을 하는데 사용하는것. 전체 대상을 포함할수 있는 넓은 범위확대
Dropout (노드 생략)	node (미사용) 노드(Node)의 일부를 랜덤(Random)하게 생략하여학습을진행함으로서 일반화를 시도

"끝"

문 79) Dropout

답)

1. Hidden Layer의 일부 Node 연산생략 Dropout의 개요

가. Overfitting(과적합) 문제개선, Dropout의 정의

- Hidden Node를 모두 훈련시키지 않고 Random 하게 Drop out (실제수행하지 않음) 시킴

나. Dropout 필요성

- 고질적 적합(Overfitting) 문제 해결 알고리즘
- Training Data 학습시 성능고려시 적용(성능향상)

2. Dropout 구성도 및 과적합 회피 방법

가. Dropout의 구성도

← output

Hidden Layer

← Input

Dropout

Node(노드)의 일부를 Random 하게 생략하여 학습을 진행함으로 과적합(overfitting) 문제 해결

나. Overfitting(과적합) 회피 방법

오류율

학습중지시점

검증Data

학습데이터

학습시간

- 학습을 진행할수록 오류 개선 경향
- 지나치게 학습이 진행되면 과적합 발생
- 검증 데이터(Test Data)에 대한 오류가 감소하다가 증가되는 시점에 학습 중단 필요.

3. Dropout시 고려사항

- 어느 Node 생략할지 고려 없이 Random하게 생략 과정 반복시 결과값의 차이분석 필요.
- 성능 향상 고려 필요. 학습 속도 향상 고려.

"끝"

문 80) ANN(Artificial Neural Network)

답)

1. 신경망을 모방한 수학적 모델, ANN의 개요

가. ANN(Artificial Neural Network)의 정의

인간 두뇌의 학습과정을 뉴런과 시냅스 작용을 통한 연산 과정으로 간주하고 이를 재현한 분류, 예측모형

나. 생물학적 신경망과 ANN의 비교

<신경망>

세포체, 시냅스, 축색돌기, 수상돌기, 세포체

신경망	인공신경망
세포체	노드(Node)
수상돌기	입력(Input)
축색돌기	출력(Output)
시냅스	가중치(Weight)

신경세포(뉴런)의 입력은 다수, 출력은 하나, 여러 신경세포로부터 전달되어온 신호들을 합산하여 출력함. 단, 합산된 값이 설정값(Threshold) 이상일때만 출력신호 발생

2. ANN의 구성도 및 구성요소

가. ANN(Artificial Neural Network)의 구성도

입력층, 중간층, 출력층, 가중치, 입력값(In), 노드(Node), 출력값(출력신호)(Output)

4. ANN의 구성요소

Node (노드)	신경계 뉴런 역할, 가중치와 입력값의 곱으로 활성함수를 통해 다음 노드에 전달해주는 역할	
Layer (층)	입력층	학습위한 기초 Data, Input Layer
	은닉층 (중간층)	정보를 전파, 학습, 활성화, Hidden Layer
	출력층	도출된 결과값을 출력, output Layer
가중치	활성화 함수의 입력값으로 사용되는 뉴런간의 연결계수	
활성함수	임계값을 이용, 뉴런의 활성화 여부를 결정하기위해 사용. -항등함수, 경사함수, 계단함수, 시그모이드함수	

3. ANN의 한계점

- 인공신경망 학습에 소요되는 시간이 오래 걸림.
- 부분 최적화-(Local optima)로 인해 현실적인 사용이 어려움
- 사전훈련 Data(Training Data set)에 지나치게 맞추어져 (Over-fitting) 제대로 작동이 안되는 등의 문제 발생

"끝"

문 81) DNN(Deep Neural Network)

답)

1. 심층계층을 가진 인공신경망 DNN의 개요

가. DNN(Deep Neural Network)의 정의

ANN의 한계를 극복하고, 복잡하고 표현력 높은 모델을 구축하기 위해 입력계층과 출력계층 사이에 복수개의 은닉계층(Hidden Layer)으로 이루어진 인공신경망

나. DNN의 등장배경

알고리즘 개선 / 정확도, 성능 개선 / Big Data / AI, IoT 5G / 연산 속도 증대 / Computing

ANN 한계극복, 입/출력 계층사이에 여러개 은닉계층추가

2. DNN의 구성도 및 설명

Input Layer / Hidden Layer(은닉층) / output Layer

- 복수개의 Hidden Layer(은닉층)으로 구성됨
- DNN을 응용한 알고리즘이 CNN, RNN, LSTM, GRU 등

3. DNN(Deep Neural Network)의 부각 배경

구분	ANN의 한계	개선 점
알고리즘 개선	사전 학습 데이터에	한꺼번에 학습이어려

알고리즘 개선	지나치게 맞추어 지는 (over-fitting) 등의 효과적인 알고리즘의 부족	우선 층마다 개별학습을 하거나 몇개의 노드를 끊는 (Dropout) 방식으로 개선
BigData 출현	인공신경망을 학습시킬 만한 충분한 데이터(Data) 부족	Big Data로 인한 이용 가능한 검증된 활용가능한 대량 데이터 확보
H/W의 발전	계층이 늘어날수록 상당한 컴퓨팅 파워의 부족	GPU등 Computing 성능의 비약적 향상

"끝"

문 82) CNN(Convolutional Neural Network)

답)

1. 합성곱을 이용, CNN의 개요

가. Convolution Layer와 pooling Layer구성 CNN 정의

영상 인식에 적용이 용이하도록 만들어진 인공신경망의 한 종류로 일반 다층퍼셉트론에서 사용되는 구조와 다르게 컨볼루션 레이어와 풀링레이어로 구성

나. CNN 신경망의 특징

영상, 음성 — Pre-Processing — 우수한 Filtering

2차원 입력 데이터 / 가장 좋은 Feature(특징)추출 / 최대한 작은복잡도

2. CNN의 구성도(Flow) 및 구성요소

가. CNN의 합성곱 신경망의 구성도

합성 → (중첩) Convolution +ReLu — Pooling(통합) — Fully connected — 결과 예측, 선택

Star 보트 — Boat

반복과정 수행

Convolution(합성,중첩), pooling(통합)으로 복합적으로 구성하여 반복과정을 수행하고 결과 예측함

나. CNN의 구성요소

구분	설 명
추론과정	학습된 내용기반, 새로운 입력에 대한 답을 획득
학습과정	주어진 학습 데이터를 기반으로 최적의 추론

학습 과정	수행을 위해 추론구조 또는 학습 파라미터 (가중치)들을 설정, 귀납적으로 배우는 단계
Convolution Layer	- 컨볼루션 연산을 통해 특징을 추출하는 레이어 - 규칙적인 패턴을 가진 곱셈으로 이루어짐 S1 S2 S3 S4 / K1 K2 K3 K4
pooling Layer	입력공간을 추상화하는 Layer - SubSampling을 통한 차원 축소 : Max pooling, average pooling
Fully connected	pooling된 결과의 연결(결과 예측위함)
결과예측	Output preditions, 도출된 사물, 영상 등 결과

3. CNN의 Convolution과 pooling의 동작원리 및 종류

가. Convolution과 pooling의 동작원리

Convolution Layer	대상의 일부분을 여러개의 필터(Filter)를 사용하여 재구성, 이때 활성화(Activation) 함수로서 ReLu 함수를 사용

pooling	구성된 컨볼루션 레이어를 샘플링 통해 재구성
결과도출	pooling를 통해 최종 사물, 영상등 인식

나. pooling 알고리즘의 종류

- Max pooling과 Average pooling의 예시

S1 S2

12	20	30	0
8	12	2	0
34	70	37	4
112	100	25	12

S3 S4

Max pooling

S1	S2
20	30
112	37
S3	S4

Average pooling

S1	S2
13	8
79	20
S3	S4

4. CNN의 활용

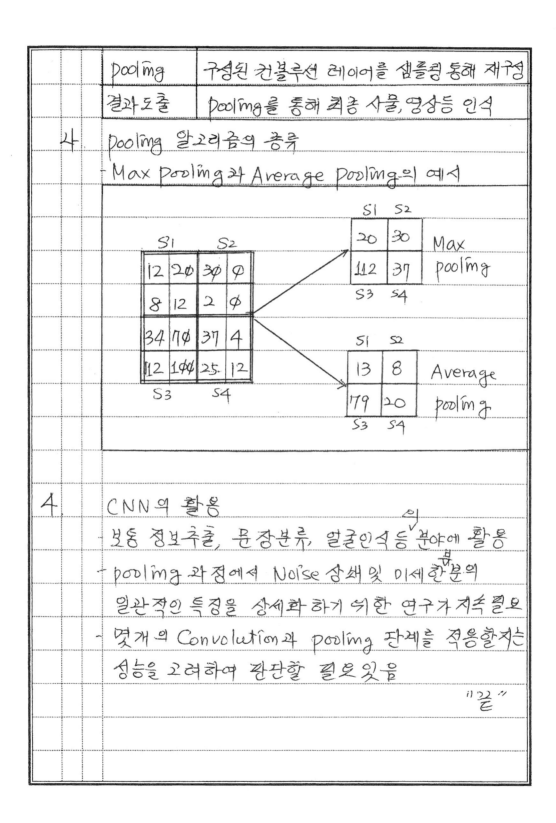

- 보통 정보추출, 문장분류, 얼굴인식 등 분야에 활용
- pooling 과정에서 Noise 상쇄 및 미세한 부분의 일관적인 특징을 상세화 하기 위한 연구가 지속 필요
- 몇개의 Convolution과 pooling 단계를 적용할지는 성능을 고려하여 판단할 필요있음

"끝"

문83) RNN(Recurrent Neural Network)

답)

1. 순차적 데이터 학습알고리즘 RNN의 개요

가. RNN(Recurrent Neural Network)의 정의

인공신경망을 구성하는 유닛(unit) 사이의 연결이 Directed Cycle을 구성하는 신경망, 하나의 입력값을 넣으면 여러 개의 값이 나오는 관계를 만드는 알고리즘

나. RNN 알고리즘의 특징

O (output)
V
W
S
Directed cycle
U
입력
확대
O_{t-1} O O_{t+1}
(출력)
S_{t-1} S_t S_{t+1}
W W W
(가중치) (상태)
U_{t-1} U U_{t+1}
(입력)
X_{t-1} X_t X_{t+1}
(현재)

- 시간의 흐름에 따라 변화되는 데이터
- 이전의 데이터가 다음 데이터에 영향을 미칠 때의
- 단순한 사전적 의미가 아닌 앞뒤문장의 맥락관점 후의 의미

2. RNN의 구조 및 정보 추출과정

가. RNN의 구조 설명

- 특정 부분이 반복(Directed Cycle)되는 구조를 가짐. 즉 반복이란 Feedback되는 구조 형태임

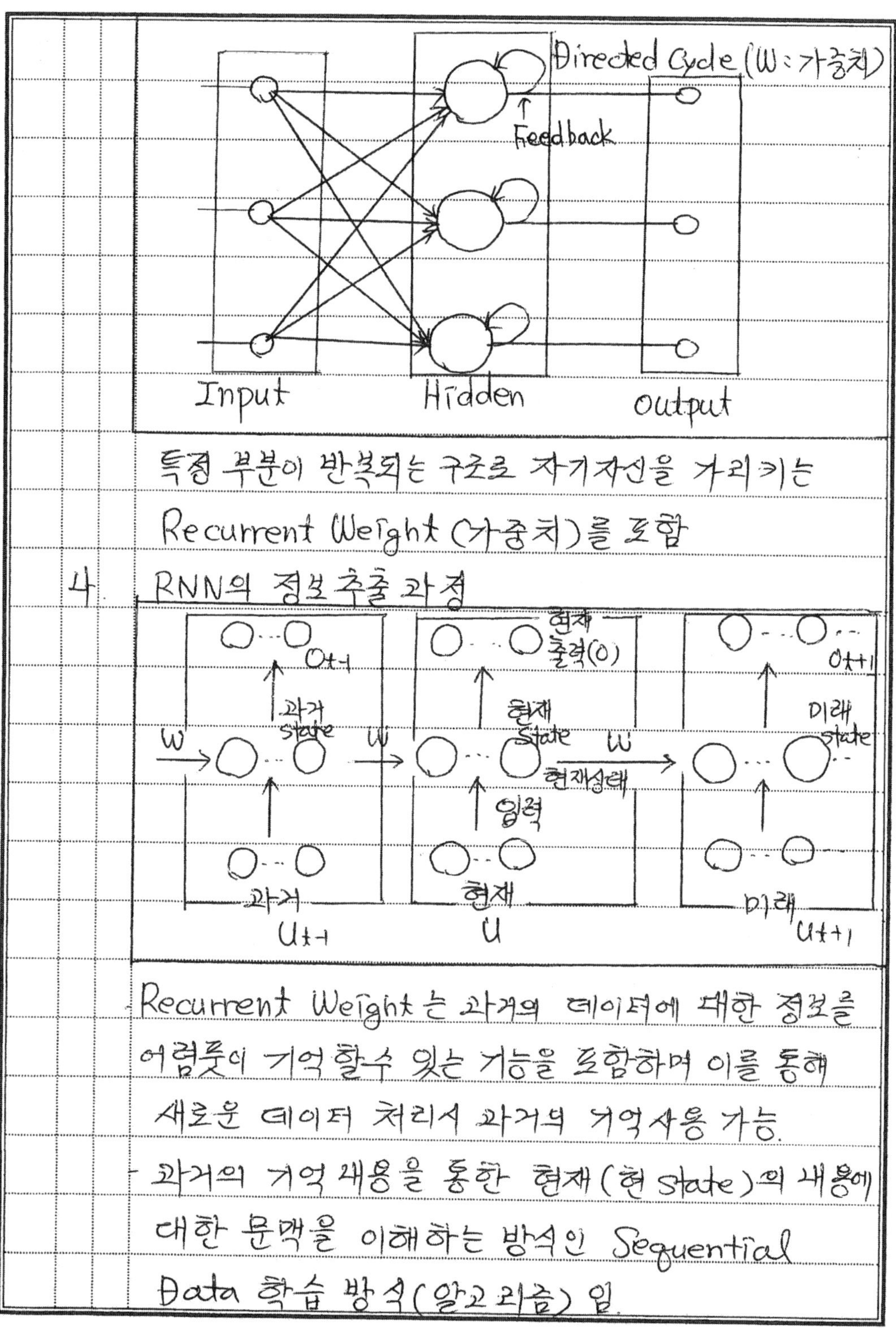

특정 부분이 반복되는 구조로 자기자신을 가리키는 Recurrent Weight (가중치)를 포함

4. RNN의 정보 추출 과정

- Recurrent Weight는 과거의 데이터에 대한 정보를 어렴풋이 기억할수 있는 기능을 포함하며 이를 통해 새로운 데이터 처리시 과거의 기억사용 가능.
- 과거의 기억 내용을 통한 현재(현 state)의 내용에 대한 문맥을 이해하는 방식인 Sequential Data 학습 방식(알고리즘) 임.

3. RNN의 실제 사용예시

가. 아래 모형 및 글자예시에서의 동작

	y_t	
h_{t-1} →	h_t	→
	x_t	

Hello

'h', 'e', 'l', 'l', 'o' → Vector(Encoding)으로 표현

Text → 숫자 One Hot Encoding	
h	1, ∅, ∅, ∅
e	∅, 1, ∅, ∅
l	∅, ∅, 1, ∅
o	∅, ∅, ∅, 1

$h_t = \tanh(W_{hh} h_{t-1} + W_{xh} x_t \cdots)$

활성함수는 하이퍼볼릭 탄젠트(tanh)

나. 위의 모형에서 'Hello' 문자 학습 예시

출력문자 →	"e"	"l"	"l"	"o"	"H"는 재학습 필요
Output Layer	1.∅ 2.2 -3.∅ 1.2	∅.5 ∅.3 -1.∅ 1.2	∅.1 ∅.5 1.9 -1.1	∅.2 -1.5 -∅.1 2.2	
	↑ W_hy	↑ W_hy	↑ W_hy	↑ W_hy	
hidden Layer	∅.3 -∅.1 ∅.9	1.∅ ∅.3 ∅.1	∅.1 -∅.5 -∅.3	-∅.3 ∅.9 ∅.7	
	W_hh →	W_hh →	W_hh →		
	↑ W_xh	↑ W_xh	↑ W_xh	↑ W_xh	
Input Layer	1 ∅ ∅ ∅	∅ 1 ∅ ∅	∅ ∅ 1 ∅	∅ ∅ 1 ∅	
입력문자 →	"h"	"e"	"l"	"l"	

4. RNN의 활용분야

구분	내용
언어 모델링과 텍스트 생성	-주어진 문장에서 이전 단어들을 보고 다음 단어가 나올 확률을 계산해주는 언어모델링. -어떤 문장이 존재할 확률 계산후 자동번역의 출력값으로 어떤 문장을 내보내는지 도출
자동 번역 (기계번역)	입력은 언어 모델과 같은 단어들의 Sequence이지만 Output 값이 다른 언어로 되어 있는 단어들의 시퀀스로 처리. 입력 전부 받은후 N/W(System)가 출력값을 내보내는 작업 진행
음성 인식	Sound Wave(사운드웨이브)의 음향신호를 입력 받아 출력으로는 음소들의 Sequence와 각각의 음소별 확률분포를 추정
이미지 캡션 생성	컴퓨터 비전(Computer vision)에 활용하는 CNN과 RNN을 함께 사용하여 임의의 이미지를 Text로 설명해주는 System 구성

"끝"

문84) LSTM(Long Short-Term Memory)

답)

1. RNN의 기울기 소실문제 개선, LSTM의 개요

가. 3가지 Gate(In, out, forget) 사용, LSTM의 정의

In/output/forget Gate를 통해 데이터의 입출력을 조절해 필요할 때에만 데이터를 넣고 과거정보를 Update 하고 출력하여 기울기 소실문제를 해결하는 알고리즘

나. LSTM 알고리즘의 등장배경

- RNN에서 긴 문장의 앞뒤 연관관계 파악에 한계
- RNN의 Gradient Vanishing Problem 개선 필요

2. LTSM의 구성도와 각 Gate 설명

가. LSTM의 구성도

Ct-1
Cell 기억값
ht-1
Xt: 입력값
σ
tanh
ht
Ct
Ct: Cell 기억값
ht (은닉상태)
Forget gate ①
Input gate ②
output Gate ③

나. 각 Gate의 설명

구분	설명
Forget gate ①	직전 Cell 값(Ct: 현재 Cell 기억값)을 얼마나 잊을지의 정도. 셀(→Cell) State에서 어떤 정보를 버릴지 선택하는 과정

Input gate	- 현재 입력값을 얼마나 반영할지의 정도 - 새로운 정보가 Cell state에 저장될지 결정하는 단계
Output gate	- 출력값을 얼마나 반영할지의 정도 - 어떤 출력값을 Output(출력)할지 결정

3. LSTM의 활용

- RNN의 긴문장 선후관계 파악 한계에 적용
- 기울기 소실 문제에 대응
- RNN처럼 음성, 문자열 등 순차적으로 등장하는 Data 처리에 적합한 알고리즘

"끝"

문85) GRU(Gated Recurrent Unit)

답)

1. LSTM과 유사, GRU의 개요

가. 2개 Gate(Reset, Update)로 구성, GRU의 정의

Reset Gate(r)과 Update Gate(z)만 사용하는 알고리즘 (LSTM의 Forget Gat와 Input Gate는 GRU에서는 Update Gate(z)로 통합)

나. GRU(Gated Recurrent Unit)의 특징

- GRU는 2개 Gate, LSTM에서는 3개 Gate
- GRU는 LSTM에 있는 Output Gate가 없기 때문에 내부 메모리 값이 외부에서 보게 되는 Hidden state 값과 동일

2. GRU의 구성과 Gate 설명

가. GRU의 구성도

z, h, r, $\tilde{h}$, In, Out

r = Reset Gat, z = Update Gate

나. Gate의 설명

Reset Gate	새로운 입력을 이전 메모리와 어떻게 합칠지 결정

Update Gate	이전 메모리를 얼마만큼 기억할지 결정

3. Gated Recurrent Unit 알고리즘의 활용

- RNN 기울기 소실 (Gradient Vanishing) 문제 개선
- RNN, LSTM처럼 음성, 문자열 데이터 처리에 활용

"끝"

문86) RBM(Restricted Boltzman Machines)

답)

1. 추론과 학습을 위한 알고리즘, RBM의 개요

가. Node간의 연결성 제한, RBM의 정의

추론과 학습을 쉽게 하기위해서 층간의 연결을 제거하여 연결성을 제한한 볼츠만 Machine

나. Restricted Boltzman Machine의 특징

- 가시-가시 뉴런, 은닉-은닉 뉴런간의 연결을 금지시킨 알고리즘
- 차원 감소, 분류, 회귀분석, 협업필터링, 속성학습에 유용

2. RBM의 구조와 정보추출과정

가. RBM의 구조

- 가시뉴런과 은닉뉴런들은 조건부 독립의 관계를 서로간에 가짐
- 한개의 Hidden 유닛층이 존재하며 Hidden유닛간 연결없음
- 즉, Hidden Layer간, Visible Layer간의 연결은 없음

나. RBM의 정보추출과정

- 보여지는 Layer와 숨겨진(Hidden) Layer 사이에서 몇몇의 포워드(forward)및 백워드(Backward) path들을 생성하는 자율방식으로 스스로 데이터를 재구성하는 방법

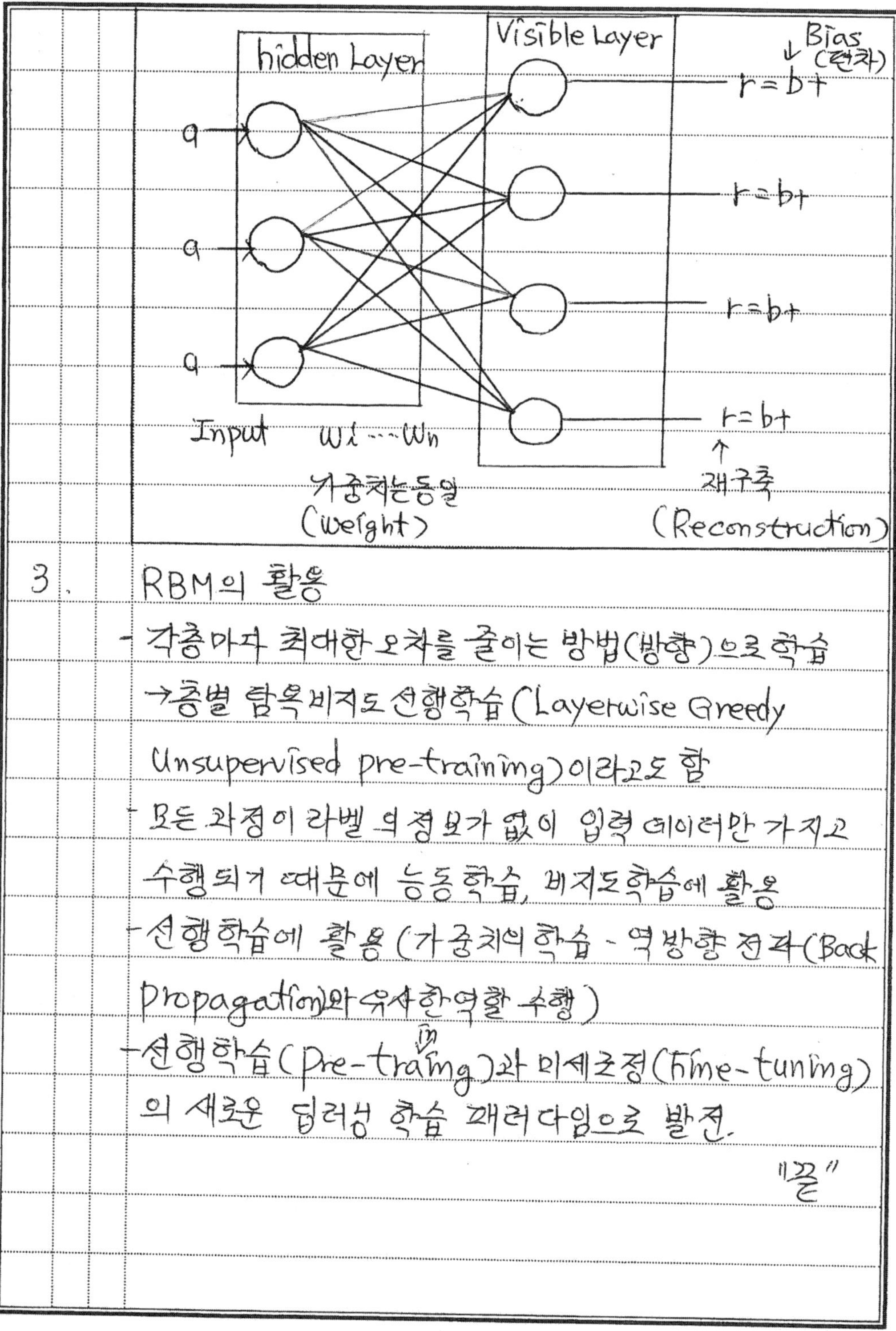

3. RBM의 활용

- 각층마다 최대한 오차를 줄이는 방법(방향)으로 학습
→층별 탐욕비지도 선행학습(Layerwise Greedy Unsupervised pre-training)이라고도 함
- 모든 과정이 라벨의 정보가 없이 입력 데이터만 가지고 수행되기 때문에 능동학습, 비지도학습에 활용
- 선행학습에 활용(가중치의 학습 - 역방향 전파(Back Propagation)와 유사한 역할 수행)
- 선행학습(Pre-training)과 미세조정(fine-tuning)의 새로운 딥러닝 학습 패러다임으로 발전.

"끝"

문 87) DBN(Deep Belief Network)

답)

1. RBM을 층층이 쌓아 학습하는 딥러닝, DBN의 개요

가. DBN(Deep Belief Network)의 정의

- 기계학습에서 사용되는 Graph 생성모형으로 볼츠만 머신의 일종인 RBM을 층층이 쌓아 학습하는 딥러닝기법

나. 잠재 변수(latent variable)의 다층계층구성, DBN의 특징

- 계층간에는 연결존재, 계층내의유닛간에는 연결없음
- 생성모형이라는 특성상 선행학습에 사용될수 있음
- DBN 특성상 훈련 Data가 적을때도 유리함

2. DBN의 특징(세부) 및 RBM과의 관련성

가. DBN의 세부특징

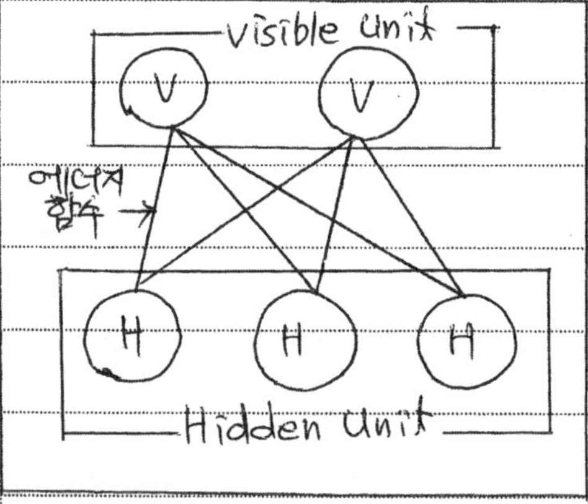

- Visible unit, Hidden unit 모두 내부연결 강도는 φ.
- Visible unit과 Hidden unit 간의 관계만 존재

나. 홉필드네트워크(Hopfield N/W)를 기반으로 한 볼츠만 ①머신과 RBM은 에너지 함수에 홉필드네트워크와 유사성을 보임

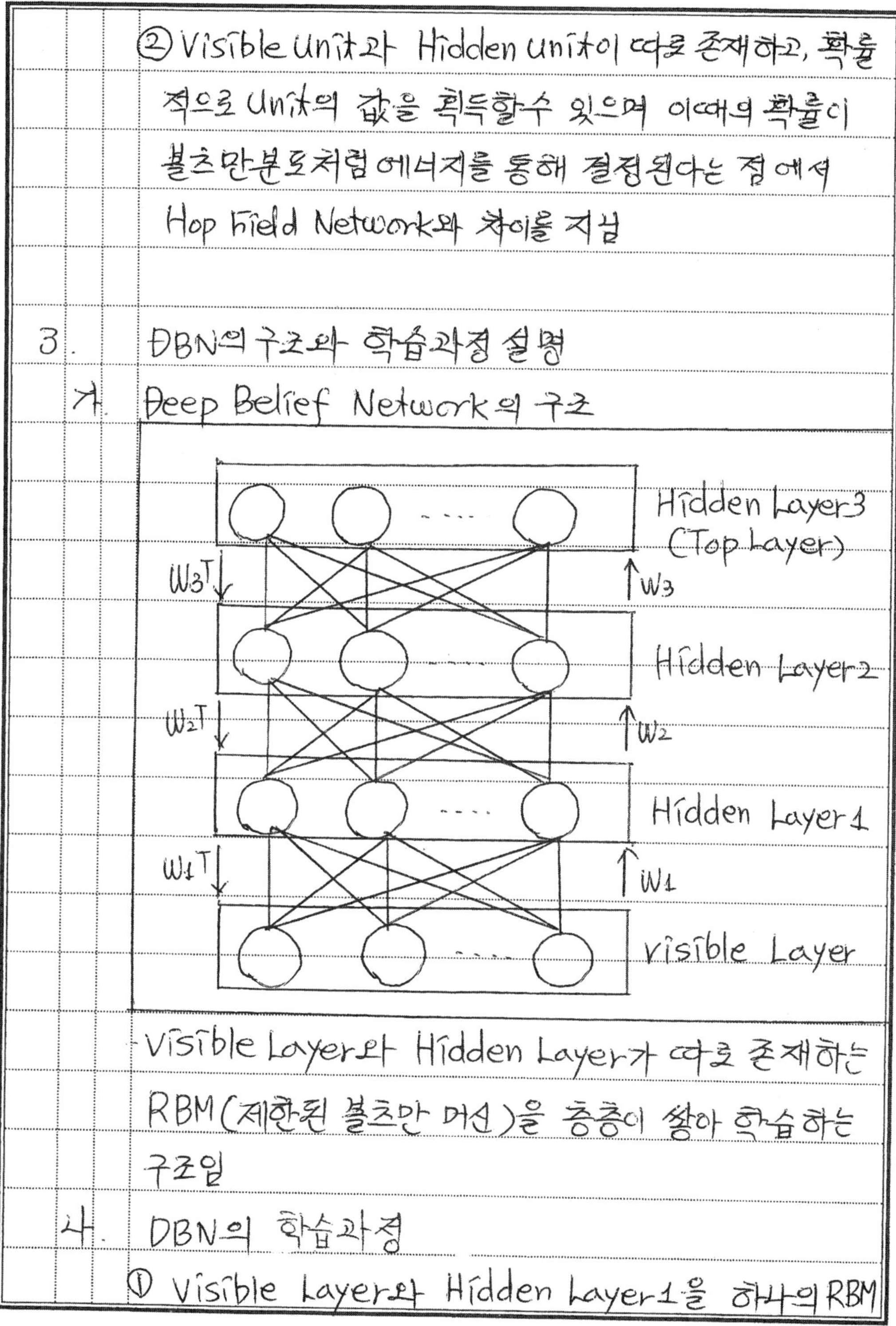

② Visible Unit과 Hidden unit이 따로 존재하고, 확률적으로 Unit의 값을 획득할 수 있으며 이때의 확률이 볼츠만분포처럼 에너지를 통해 결정된다는 점에서 Hop field Network와 차이를 지님

3. DBN의 구조와 학습과정 설명

가. Deep Belief Network의 구조

- Visible Layer와 Hidden Layer가 따로 존재하는 RBM(제한된 볼츠만 머신)을 층층이 쌓아 학습하는 구조임

나. DBN의 학습과정

① Visible Layer와 Hidden Layer1을 하나의 RBM

으로 생각하고 RBM을 학습시킴.

② 학습이 종료되면(①의 학습 종료) Hidden Layer1 의 값을 새로운 입력으로 하여 Hidden Layer1과 2를 RBM으로 학습함

③ ①, ② 학습후 단계적으로 올라가면서 마지막 층까지 학습시켜 결과를 도출해 냄

4. DBN의 분류기법 & 활용분야

가. DBN의 분류기법

기법	내용
BP-DBN (Back-propagation DBN)	DBN의 최상단에 출력단을 덧붙여 BP-ANN처럼 작동시킴. 임의로 선택된 연결강도를 사용하는 전통적인 ANN보다 더 나은결과보여줌
Associate Memory DBN	연상 기억을 사용하는 방법. 최상단에 Label Layer를 사용해서 학습을 시키는 방법

나. 활용분야 : 영상, 음성, 자연어 처리등 전분야에 활용

"끝"

문 88) DQN(Deep Q-Network)

답)

1. Q-Learning에 CNN을 결합한 심층강화학습 DQN의 개요

가. Deep Q-Network의 정의

Q-Learning이라는 강화학습 알고리즘에 CNN의 심층학습(Deep Learning)을 적용하여 기존 강화학습의 한계를 극복한 DeepMind사에서 개발한 심층강화학습 알고리즘

나. DQN의 등장배경

2. DQN의 구성도와 구성요소

가. Deep Q-Network의 구성도

나. DQN의 구성요소

구분	설명
State	현재상태 (St)
Action	특정상태에서 수행 가능한 행동들

보상함수 (Reward)	State 's'에서 Action 'a'를 실행하였을 때의 보상(Reward)
learning rate α(알파)	0~1 사이의 실수. 학습의 결과로부터 얻어지는 강화 값의 갱신율을 조절하는 역할
할인율 γ(감마)	0~1 사이의 실수. 가치함수를 수렴하도록 만드는 역할을 함
Q값	State → State/Action-Value 표 ← Action → Q-Value. 기존의 Q값에 State S에서 a라는 Action을 실행하였을 때의 결과를 업데이트하는 값

"끝"

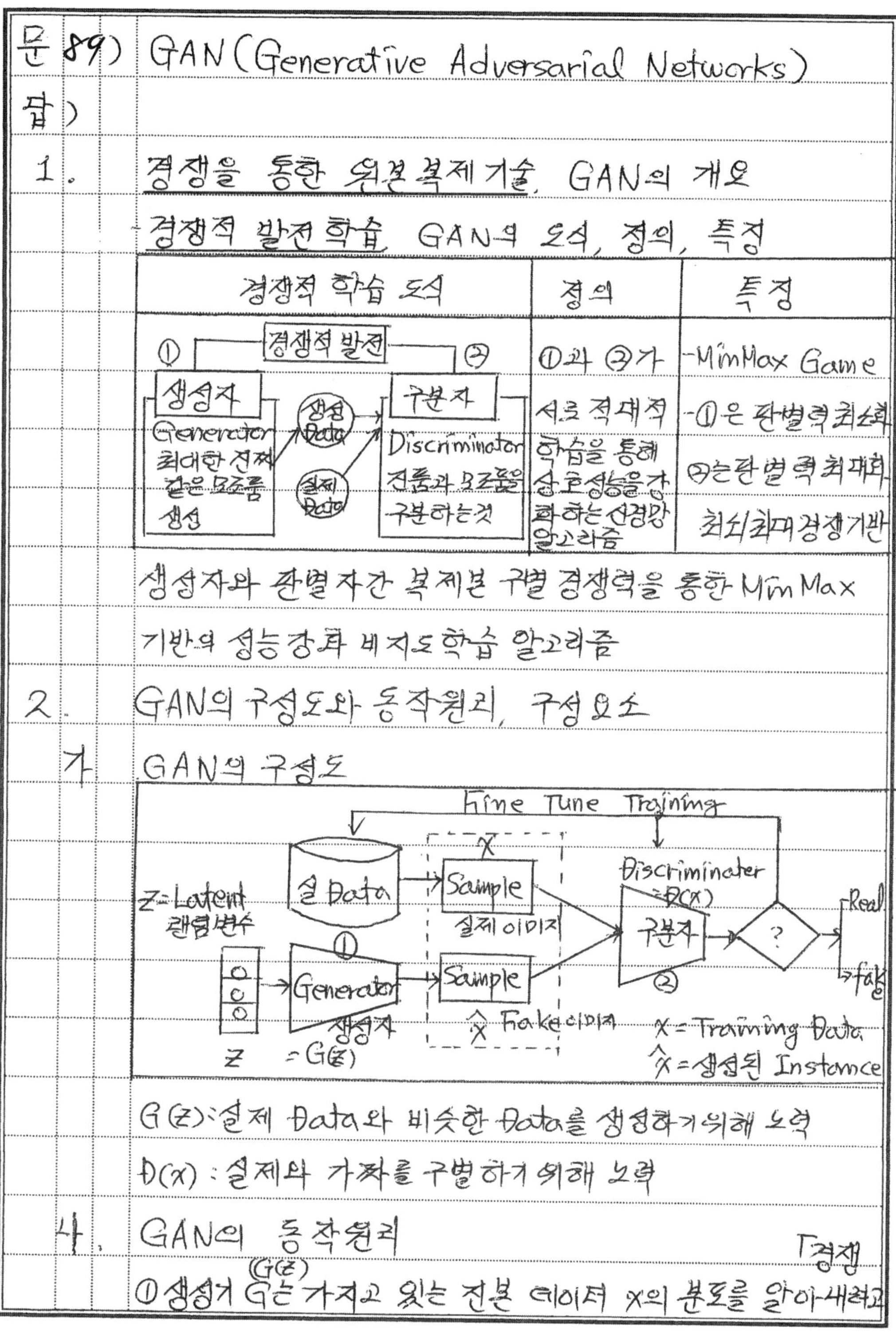

문 89) GAN(Generative Adversarial Networks)

답)

1. 경쟁을 통한 원본복제 기술, GAN의 개요

- 경쟁적 발전 학습, GAN의 도식, 정의, 특징

경쟁적 학습 도식	정의	특징
① 경쟁적 발전 ② 생성자 Generator 최대한 진짜 같은 모조품 생성 생성 Data / 실제 Data 구분자 Discriminator 진품과 모조품을 구분하는 것	①과 ②가 서로 적대적 학습을 통해 상호 성능을 강화하는 신경망 알고리즘	-MinMax Game -①은 판별력 최소화 ②는 판별력 최대화 최소/최대 경쟁 기반

생성자와 판별자간 복제본 구별 경쟁력을 통한 MinMax 기반의 성능강화 비지도 학습 알고리즘

2. GAN의 구성도와 동작원리, 구성요소

가. GAN의 구성도

G(z): 실제 Data와 비슷한 Data를 생성하기 위해 노력

D(x): 실제와 가짜를 구별하기 위해 노력

나. GAN의 동작원리

경쟁

① 생성자 G(G(z))는 가지고 있는 진본 데이터 x의 분포를 알아내려고

② 판별기 D(x)는 자신이 판별하려는 샘플이 생성기 G(x)가 만든 위조(fake) 샘플인지 혹은 진본 데이터로부터 만들어진 진본 샘플인지 구분하여 경우에 대한 확률 계산

다. GAN의 구성요소

구분	구성요소	설명
학습기	Generator	생성자, Fake Data 생성기
	Discriminator	구분자, Fake Data 감별기
데이터	Real Data	실제 Data (Real Data)
	Fake Data	G(x)에 의해 생성되는 가짜 Data
판별함수	Sigmoid	입력 Data가 실제 Data인지 여부 판별(1,0)
	Function	1에 가까우면 진짜 Data, 0에 수렴되면 가짜 Data

3. GAN의 응용기법

응용기법	특징	설명
DCGAN	감석자관점, 이미지 연산	생성자 : Deconvolution Net 감석자 : Convolution Net
SRGAN	8K Display	저해상도 → 고해상도로 변환
StackGAN	저/고해상도	문자/단어 이미지 생성
Cycle GAN	이미지 변환	자율적 이미지 스타일 변환

"끝"

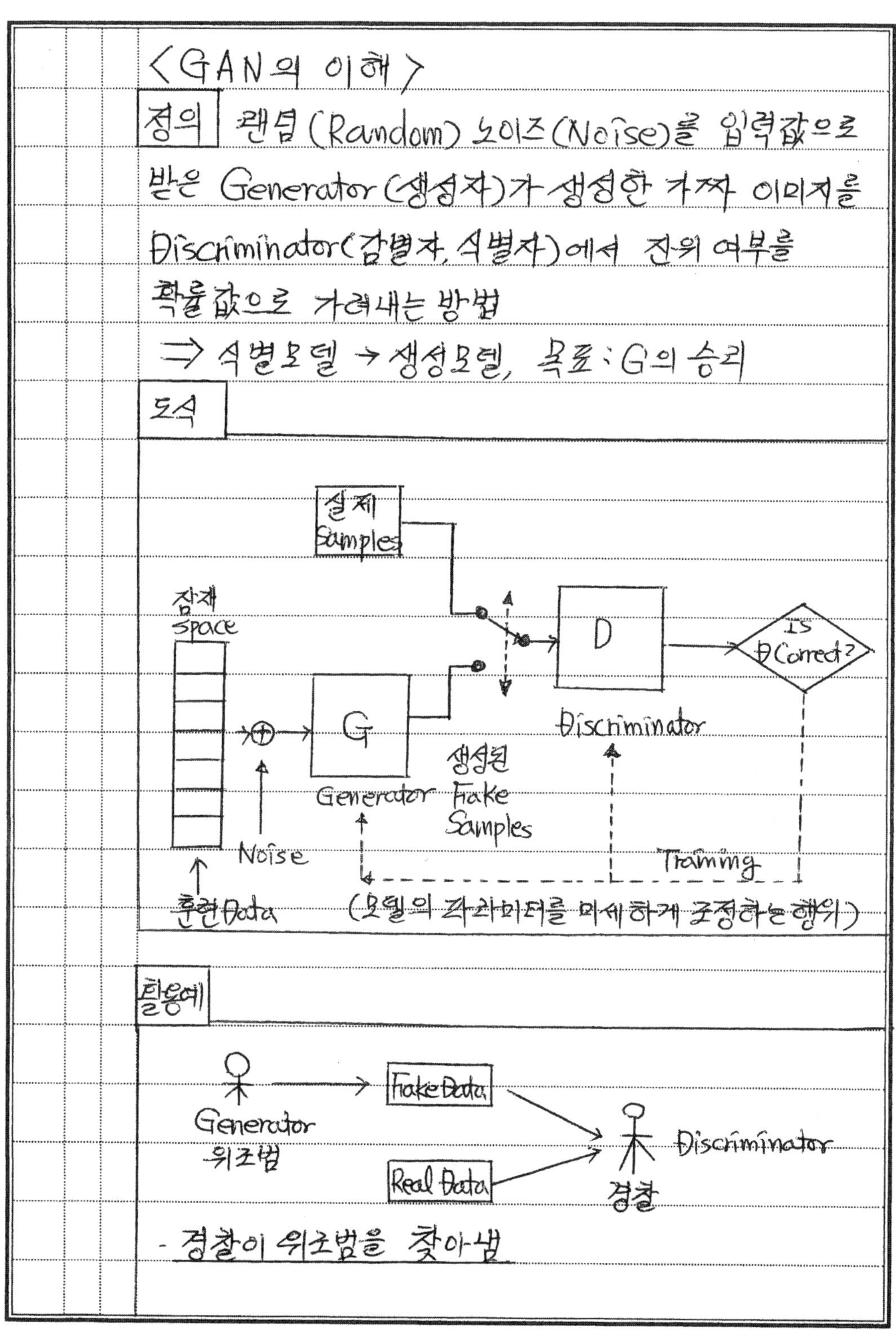
〈GAN의 이해〉
정의
랜덤(Random) 노이즈(Noise)를 입력값으로 받은 Generator(생성자)가 생성한 가짜 이미지를 Discriminator(감별자, 식별자)에서 진위 여부를 확률값으로 가려내는 방법
⇒ 식별모델 → 생성모델, 목표 : G의 승리
도식
실제 Samples
잠재 Space
D
Is D Correct?
G
Discriminator
생성된 Fake Samples
Generator
Noise
Training
훈련 Data
(모델의 파라미터를 미세하게 조정하는 행위)
활용예
Fake Data
Generator 위조범
Real Data
Discriminator 경찰
- 경찰이 위조범을 찾아냄

문 90) DeepLearning 4J

답)

1. 머신러닝 open S/W. DeepLearning 4J의 개요

가. DeepLearning 4J의 정의

- 하둡(Hadoop)과 스파크(spark)를 통합 사용 가능한 자바 기반의 상용 수준의 머신러닝 오픈소스 Software.

나. 딥러닝4J의 강점

- Canova 이용 — vector 처리기술
- GPU에서 수행 가능 — 신속한 연산 가능
- 다목적 다차원의 배열 클래스 - n-Dimensional array class
- 확장성 — 하둡, 스파크 확장 가능

2. DeepLearning 4J의 구성도 및 사용 알고리즘

가. DeepLearning 4J의 구성도

입력 Data → Canova → ND4J → 예측&분류 output.

Canova: 기계학습을 위한 벡터처리 기술

Hadoop, Spark, Mesos ← CPU, 메모리, 디스크 등 통합 관리

GPU, Native

- JAVA 기반에서 딥러닝 알고리즘 지원하는 컴퓨팅 프레임워크

나. DeepLearning 4J가 사용하는 인공신경망 알고리즘

알고리즘	설명
RBM	Restricted Boltzmann Machine
DNN	Deep Neural Network
CNN	Convolutional Neural Networks, 이미지에 적용
RNNs/LSTMs	순차적인 데이터 모델링

Recursive autoencoders	시계열 데이터, 센서 데이터에 적용
Deep autoencoders	자동 질의응답, 데이터 압축에 적용
Recursive Neural Tensor N/ws	형상, 자연어 분석에 적용
Stacked Denoising Autoencoders	누적 디노징 (잡음제어) 오토인코더

3. DeepLearning 4J 활용사례

- 얼굴/이미지 (Image), 음성 (Voice) 검색
- 음성인식 및 음성-문자 변환
- 스팸 (Spam) 메일 필터링 (Filtering) - 비정상 행위 탐지 등

"끝"

문 91) 혼동행렬(Confusion Matrix)

답)

1. 실제값, 예측값 비교, Confusion Matrix의 개요

가. Data의 참, 거짓의 분석, 혼동행렬의 정의

- 데이터분석에서 잘못된 예측의 영향을 간편하게 파악하기위해 예측된 값과 실제값이 일치하는지 여부를 행렬로 분류하는 모델 평가 기법

나. Confusion Matrix의 특징

- 혼동행렬작성으로 모델의 성능을 평가할수 있음
- Positive/Negative는 예측한 값,
- True/False는 예측한 값과 실제 값의 비교 결과

2. 혼동행렬(Confusion Matrix)의 작성방법과 설명

가. Confusion Matrix의 작성방법

예측 \ 실제	Positive	Negative
Positive	① True Positive(TP)	③ False Positive(FP)
Negative	④ False Negative(FN)	② True Negative(TN)

나. 혼동행렬의 설명

① TP : 실제 Positive를 Positive라고 예측 (True)
② TN : 실제 Negative를 Negative라고 예측 (True)
③ FP : 실제 Negative를 Positive라고 예측 (False)
④ FN : 실제 Positive를 Negative라고 예측 (False)

③ : Type 1종 Error ④ : Type 2종 Error라고 명명

3. 1종오류와 2종오류의 설명 및 예시

가. 치명적인 1종오류 (False Positive)

의미	실제 Negative를 Positive라고 예측 (False)
예시	암환자(Negative)를 정상(positive)으로 판독

나. 치명적인 2종오류 (False Negative)

의미	실제 Positive를 Negative라고 예측 (False)
예시	올바른길(positive)을 잘못된 길(Negative)로 판독

"끝"

문 92) Machine Learning의 평가방법
- Accuracy (정확도), Recall (재현율), Precision (정밀도)

답)

1. Machine Learning 평가 Matrix

예측 \ 실제	Positive	Negative
Positive	a (True)	b (False)
Negative	c (False)	d (True)

a= True Positive b=False Positive
c= False Negative d= True Negative

2. Accuracy, Recall, Precision의 의미 및 수식

가. Accuracy (정확도)의 의미 및 수식

의미	전체 결과중 실제 정답과 같은 판단이 나온 비율
수식	$\frac{a+d}{a+b+c+d}$

나. Recall (재현율)의 의미 & 수식

의미	실제 True중 컴퓨터가 True라 한 것의 비율
수식	$\frac{a}{a+b}$

다. Precision (정밀도)의 의미 & 수식

의미	컴퓨터가 True라 한 것 중에 실제 True의 비율
수식	$a / a+c$

3. 아래 경우에 대해 정확도, 재현율, 정밀도에 대해 계산.

예측 \ 실제	Positive	Negative
Positive	60 (a)	10 (b)
Negative	10 (c)	20 (d)

- 정확도, 재현율, 정밀도 계산

구분	수식	과정	결과(%)
정확도	$\frac{a+d}{a+b+c+d}$	$\frac{80}{100}$	80%
재현율	$\frac{a}{a+b}$	$\frac{60}{70}$	85%
정밀도	$\frac{a}{a+c}$	$\frac{60}{70}$	85%

"끝"

문93) F1 Score

답)

1. Machine Learning의 평가방법 F1 Score 개요

가. Recall(재현율)과 Precision(정밀도) 활용 F1 Score의 정의

$$F1\ Score = 2 * \frac{Recall * Precision}{Recall + Precision}$$

- Recall, Precision의 조화평균을 통한 알고리즘(Algorithms)의 평가방법

나. 평균(산술평균)을 쓰지 않고 조화평균을 쓰는 이유

Recall, Precision 둘 중 하나가 Ø에 가깝게 낮을 때 지표에 그것이 잘 반영되도록 하여 Model의 성능이 좋지 않다는 것을 판단하기 위함

2. F1 Score의 기하학적 의미

Recall(재현율) F1 Score Precision(정밀도)

단순 평균이라기 보다는 작은 길이 쪽으로 치우치게 된, 그러면서 작은쪽과 큰 쪽의 사이값을 가진 평균

3. F1 Score의 예시와 조화평균(Harmonic mean)

가. F1 Score 예시

- Recall, Precision이 각각 1과 Ø.Ø1 이라는 값을 가지고 있다고 가정

산술평균 $\frac{1 * 0.01}{2} = 0.505$

조화평균 $2 * \frac{1 * 0.01}{1 + 0.01} = 0.019$

- F1 Score가 낮은수치를 보이므로 학습 모델의 Quality가 좋지 못함을 알수 있음.

나. 조화 평균(Harmonic Mean)의 예시

- 100km 떨어진 어느 도시까지 차로 갔다 온다고 하자. 가는 길에는 시속 80km, 오는 길에는 시속 120km의 속력으로 달렸다면 움직인 거리는 200km, 움직인 시간은 $\frac{100}{80} + \frac{100}{120}$ 이므로 평균속력은

$$\frac{\text{움직인 거리}}{\text{움직인 시간}} = \frac{200}{\frac{100}{80} + \frac{100}{120}} = \frac{2}{\frac{1}{80} + \frac{1}{120}}$$

$$= 96(\text{Km/hour})$$

"끝"

인공지능 활용

음성인식기술–ASR(Automatic Speech Recognition)/NLU(Natural Language Understanding)/TTS(Text to Speech), 음성인식(Voice Recognition), 챗봇(ChatBot), 가상개인비서(Virtual Personal Assistant), 패턴인식(Pattern Recognition), 머신러닝 파이프라인(Machine Learning Pipeline), 자연어 처리, 엑소브레인(Exobrain)과 Deepview 기술 요소, 딥뷰(Deepview), SNA(Social Network Analysis), 텐서플로우(Tensorflow), 파이션(Python)의 특징 및 자료형(Data Type), 패션 의류용 이미지를 분류하는 다층 신경망 예시 등을 수록했습니다.

[관련 토픽 – 14개]

문 94) 음성인식기술, ASR(Automatic Speech Recognition) NLU(Natural Language Understanding), TTS(Text to Speech)

답)

1. 음성인식(Speech Recognition)의 개요

가. AI Connectivity, Service의 접목, 음성인식의 정의

사람의 음성을 인식하여 미리 입력된 음성인식 DB를 통해 해당 음성에 대해 적절하게 Service 하는 기술

나. 인간과 기계간의 소통방식의 변화

2. 음성인식 기술에 적용되는 ASR, NLU, TTS 기술 설명

가. 음성인식 구성도

- 음성인식기술은 ASR + NLU + TTS + 서비스 제공으로 구성

나. ASR, NLU, TTS의 설명

구분	설 명	기술

ASR	컴퓨터가 이해하는 Text로 자동변환	AI통한 언어&음성 학습
NLU	주어진 Text의 어떤 의미인지를 파악. 발화자의 의도 파악기술	다양한 유사 패턴 학습
TTS	Text 문장 → 음성으로 변환하는 기술	속도&높낮이 조절

3. 음성인식기술 활용도

- Smart Speaker : 단순질문, 뉴스, 날씨, 맛집 등 안내
- Smart platform 결합 : 예) "불 꺼줘" 음성인식 실행(편리함)
- AI 아파트 : 조명, 가스제어, 냉난방기기 조절 등

"끝"

문 95) 음성인식 (Voice Recognition)

답)

1. 음성 패턴 인식, Voice Recognition의 개요

가. 음성인식 DB 활용, 음성인식의 정의

- 컴퓨터나 음성인식 시스템에 전달된 사람의 음성을 분석해 특징과 패턴을 추출하고 미리 입력된 음성 인식 DB에서 가장 근접한 결과를 찾아내는 기술

나. 음성인식의 장점

친숙/편리	다양한 기기의 음성 조작 (TV, 게임 등)
상시 입력	이동 및 작업 중 입력 (모바일 기기, 물류 등)
개인화	개인별 맞춤형 서비스 제공 (보안, 금융, 교육 등)

2. 음성인식 처리 과정 및 기술

가. 음성인식 처리과정

도식	전처리부: 인식구간 추출 → 잡음 처리 (Noise 제거) → 인식부: 특징 추출 → 비교 (← 음성모델 DB) → 인식 결과
전처리부	사용자의 음성으로부터 인식대상 구간을 찾아 잡음성분 제거 및 특징추출
인식부	- 음성 DB 비교하여 가능성 높은 단어 인식 결과출력 - 음성모델 DB를 In-Memory 환경동작 → 성능 up

4. 음성인식 기술

구분	기술	설명
음성 전처리	Barge-in (바지인)	음성송출과 음성인식 동시수행 안내 방송중 사용자 명령인식. (자동차에 적용) Barge-in은 "Echo" 제거 사용자 목소리만 인식
	음원분리/추출	다중마이크, Signal 분리/Extraction
	Noise제거	고성능 Adaptive Filter, 잡음 제거
패턴 매칭	DTW (Dynamic Time Warping)	음원간 유사도 측정, 단어 인식 [유클리안 거리] [DTW] x y x y DTW는 두값의 차이가 가장 최소점 탐색 활용
	HMM	Hidden Markov Modeling 음성의 시간적 특성(특징) 은닉/관찰영역
	Viterbi	버터비 Search, 연속어 탐색
음향 모델	벡터비교	인식 대상 단어/음소간 유사 정도 비교
	상태열비교	복잡한 모델 표시, 대부분 활용
특징 추출	LPCC	Linear Prediction Cepstrum (Coefficient) 계수 과거 대비 현재 샘플값의 상관관계
	MFCC	Mel-Frequency Cepstrum Coefficient 주파수 변환 청각 특성 반영

3. 음성인식의 발전 및 알고리즘들

가. 음성인식 발전방향

과거 → 미래

기술 요소
- 사용자 범위 → 화자 종속 → 화자 독립
- 인식 대상어휘 → 소어휘 → 대어휘
- 발성의 자연성 → 단어 인식 → 연속 음성 인식 → 대화체 인식

음성DB& 연산능력 → 증대

음성인식 기술은 많은어휘, 자연스러운 대화체를 인식하여 인식률을 높이는 방향으로 발전

나. 음성인식 알고리즘

구분	설 명	특 징
VQ (Vector Quantization) (양자화)	연속&떨어진 벡터들을 코드북과 매핑하여 통신하기에 적절한 Digital Sequence로 부호화하는 방법	-Data 충실도 유지. -Bit율 감소 -소량의 데이터율로 우수한 성능
HMM (Hidden Markov Model)	음성 단위 해당 패턴들에게 통계적인 정보를 확률모델로 저장하여 입력값에 대한 패턴 매칭확률 계산	-음성 및 언어 처리를 단일 구조로 처리 -음성 패턴 인식중 가장 널리 이용
DTW(Dynamic Time Warping)	화자종속 고립어 인식 시스템에 주로 사용	단어수가 증가하면 계산량 증가, 높은인식률

4. 음성인식 활용사례

구분	설 명
Apple	시리(Siri): 음성명령을 인식하고 Web과 On-Line 서비스를 검색해 답변을 제공하는 인공지능형 음성인식 서비스
안드로이드	안드로이드 마켓에 가상 비서 앱 다수 존재
구글	Voice Action: 전화걸기, 문자보내기, 메일작성, 메모, 일정, 예약, 알람등 음성으로 실행
삼성전자	가전 제품에 음성인식 기술 적용

"끝"

문 96) 챗봇(ChatBot)

답)

1. AI(인공지능) 기반 상호작용, 챗봇(ChatBot)의 개요

가. Agent(에이전트)의 확장, ChatBot의 정의

- 사람과의 문자, 대화 등을 통해 질문에 적절한 답이나 각종 정보를 제공하는 'AI 기반의 Communication S/W'

나. IT 기술의 패러다임 전환

패러다임	PC시대 →	인터넷 시대 →	Mobile 시대 →	초연결 시대 →
App.	Client: Excel, PPT →	Website →	Mobile APP. →	Bots
platform	DOS, Windows →	Web Browser →	Mobile OS →	Messenger App ChatBot

2. ChatBot 질의 및 답변 과정, 적용 용어

가. 챗봇 질의 & 답변 Flow

사용자 질의 & 대화 → Exact 매칭(정확성) → 문장 & 대화 일치 → 인식된 질의 의도(Intent) → 답변 제공

Exact 매칭 → 질문 유사도 비교 → 유사도 > Threshold값 → 인식된 질의 의도(Intent)

질문 유사도 비교 → 의미없는 문장 확인 → 문장 특징 추출 → DNN(질의 의도 분류) → 확률분포 일정 수준 이상 → 인식된 질의 의도(Intent)

- DNN(Deep Neural Network): 심층신경망 학습.

나. ChatBot 관련 적용 용어

Intent	사용자 질의 의도(표준질의, 답변의미 등), Entity 집합

Entity	질문으로부터 추출한 의미 단위, Entry의 집합
Entry	Entity(엔티티)의 범주에 속하는 최소 의미 단위로 다양한 동의어들을 포함

3. ChatBot 활용분야 & 해결과제

활용 분야	- 공공정보에 대한 접근성 향상 방향으로 챗봇 활용 - 개인비서 서비스, 공공서비스(법률 상담, 세금납부, 부동산정보 등등), - 기업 메신저, O2O, 광고&홍보 등
해결 과제	- 기계학습을 통한 정교한 자연어 처리 필요. - 해커 피싱 등 소셜엔지니어링 기법 활용한 채팅봇 악용

"끝"

문 97) 가상개인비서 (Virtual Personal Assistant)

답)

1. 가상개인비서(VPA)의 개념

AI(인공지능) 기술을 적용하여 다양한 업무와 사용자가 요구하는 서비스를 가장 효율적인 방식으로 수행하도록 설계된 S/W (Software) & Application.

챗봇 (Text) → 음성인식봇 (음성) → 가상개인비서 (Text+음성+검색패턴)

2. 가상개인비서의 서비스 Process 및 주요기능

가. VPA의 Service Process

사용자 —In→ PC/스마트폰 (Text, 음성, 검색, 패턴 등) —서비스 요청→ Cloud
Cloud —응답→ PC/스마트폰 —Out→ 사용자

나. 가상개인비서(VPA)의 주요기능

기능	설 명	사례
비서	스케줄확인, 정보탐색 등 비서역할을 모방하여 수행하도록 설계된 S/W	페이스북 개인비서 M
AI	음성인식, 머신러닝, 문장분석, 상황인지등 AI기술과 ICT기술 결합	MS의 코타나
음성인식	사용자음성인식, PC/스마트폰, 사용자 인터페이스 연계 적용 등	Apple Siri
Text	다양한 Text 인식, 변환등	챗봇

3. 가상개인비서의 예상 Issue

- (의사결정) 가상비서의 최종판단 및 실행오류시 사용자와 의사결정 책임소재의 문제 발생 → 자기통제권부여 필요
- (개인정보) 개인정보 많이 개방시 서비스 완성도가 높아짐 → 옵트인(opt-in) 필요 : 개인정보 활용범위 결정권한
- (비즈니스) 수익창출모형부재 해결 필요

"끝"

문 98) 패턴인식(pattern Recognition) 시스템

답)

1. 특정정보식별, 패턴인식의 개요

가. 표준패턴과 입력패턴 비교, pattern Recognition 정의

컴퓨터를 사용하여 문자, 도형, 음성등을 인식하여 처리하는 시스템으로 표준패턴과 입력패턴을 비교하여 특정 정보를 식별하는 정보시스템

나. 패턴인식과정

객체 → 특징 → 패턴 → 클래스(카테고리)

고유의측면, 양, 특성 | 특징의 집합 | 집합화 도분화

패턴인식은 추출된 특징의 집합을 패턴화하여 특정 객체를 인식(Recognition)하는데 사용

2. 패턴인식 처리 시스템의 처리 단계 흐름및 설명

가. pattern 인식 처리 단계 흐름

실세계 → 측정장치 → 전처리 $\bar{u} = |\bar{v}|$ → 차원축소 → 인식예측 → 모델선택 → 분석결과

- 측정장치: 센서, 카메라, 마이크
- 전처리: 잡음제거, 특징추출, 정규화
- 차원축소: 특징선택, 특징사양
- 인식예측: 분류, 회귀, 클러스터링, 서술
- 모델선택: 교차검증, 부트스트랩(Bootstrap)

- 패턴인식과정은 인간이 어떤 대상을 인식하는과정과 유사하게 측정장치, 전처리, 모델을 통해 실세계를 인식하고 처리함

나. 패턴인식시스템의 처리 단계 상세 설명

단계	상세 설명	요소기술
데이터수집	입력장치통한 Data 수집및 전처리	표본화, 잡음제거
특징선택	대상정보추출, 인식대상정보 변환	Robert operator
인식, 예측	알고리즘등을 이용한 패턴인식	분류, 회귀, 클러스터링
모델선택	학습된 결과 값을 모델에 반영	교차검증, 부트스트랩
인식단계	입력된 정보에 대한 결과도출	Class, 카테고리분류

패턴인식 System의 인식기술 고도화로 다양한 정보시스템에 활용

3. 패턴인식 활용사례

구분	활용분야	상세 설명
정적패턴 (시간에 무변화, 카메라)	문자인식	텍스트 이미지 → 컴퓨터상 편집가능문자
	생체인식	음성/지문/홍채/행동패턴 등 인식
	Big Data, Mining	데이터 패턴인식, 부가정보 추출 활용 고객유형, 소비패턴 식별등
동적패턴 (시간에 변화, 음성, 날씨)	진단시스템	자동차 오동작 & 의료진단
	예측시스템	날씨/지진 패턴분석 & 예측
	군사/보안	N/W 트래픽 & 위성통한 목표물 추적등

"끝"

문 99) 머신러닝 파이프라인 (Machine Learning pipeline)

답)

1. 머신러닝의 전주기, 머신러닝 파이프라인의 개요

가. 머신러닝 파이프라인의 정의

데이터 수집부터 전처리, 학습 모델 배포, 예측까지 전 과정(주기)을 순차적으로 처리하도록 설계된 ML 아키텍처

나. Machine Learning의 필요성

효율적 개발	단순성, 유연성, 모델 품질보증, 관리&추적
자동화	모델 전과정 지속 수행위한 자동화 구축
예측&정확성	내부 구조를 이해, 머신러닝 성능(예측) 향상

2. Machine Learning 파이프라인의 Flow & 설명

가. 머신러닝 pipeline의 Data 처리 흐름

① Data 수집 → ② 준비 → ③ 모델 Training → ④ 모델 배치 → ⑥ 예측, 모니터링

- ① Data 수집: Data Lake, ETL, Dataset (이미지, Text, 동영상, 음악 등), Big Data 등
- ② 준비: Labeling (어노테이션), 정규화, Bias 분석, Data 일관성, Data 품질, Data 표준 등
- ③ 모델 Training: Hyper parameter, Data 병렬처리, 모델 병렬처리, 모델 학습, 검증, 모델생성 등
- ④ 모델 배치: 패키징, 검증 후 배치, Client 배치 (주기적 갱신), REST API 설정 등
- ⑤ 재학습 (Feedback)
- ⑥ 예측, 모니터링: 형상관리, 디버깅 (문제발생 시), 지속 모니터링 (SDK 활용), 지속품질 향상 등

4. Machine Learning 파이프라인의 설명

단계	활동	설명
데이터 수집 ①	Data Lake (Data 레이크)	-다양한 Raw Data 실시간 수집, 전처리, 변환, 저장, -Real Time/Batch Data, FTP, SQL/NoSQL, HDFS 등
	ETL 적용	-기존 Data 소스에서 Data 수집 -Download Data, Data 소스 추출 등
데이터 준비 ②	데이터 정규화 (Normalization)	-사용할 데이터에서 일관성 확보 K-means 클러스터링의 경우 필수
	편향분석 (Bias Analysis)	-모델에 포함된 편향성 제거 - Data 일관성 확보, 정확성 확보 등
	Data Annotation (어노테이션) ⇓	-인공지능이 데이터의 내용을 이해할 수 있도록 주석을 달아주는 작업
	데이터 레이블링	데이터 원본 → Data set 객체로 변환
	리소스 설정	데이터 저장소 설정(파일 & 디렉토리 등)
모델 Training ③	Hyperparameter 적용	-최적 딥러닝 모델 구현 위해 학습률 등 변수(parameter들) 설정 -학습률, 손실함수, 훈련횟수 등
	병렬처리 (Parallelism)	-처리성능 향상 위한 모델 분산처리 -GPGPU, TensorFlow, Torch Framework 적용 등

모델 Training ③	모델 학습	- 모델학습 위한 계산노드/클러스터링 - 학습 Parameter (Dropout 비 등) 조정
	모델 패키징	- Docker 이미지 생성 - 컨테이너 설정 (모델·훈련 등)
	모델 검증 (V&V)	- Loss값을 Φ으로 수렴가능 검증 - 평가지표가 충분히 나오는지 검증
모델 배치 ④	Cloud Hosting 머신러닝 모델 배치	- IDC에 수신되는 Data 예측 - REST API 기반
	Client 기반 머신러닝 모델 배치	- client 기반 주기적 갱신 - client 활용시 N/W 대역폭 확보
	Repository 활용 (저장소)	- 완성된 파이프라인 배치 - Parameter 추가, 활용 등
피드백 ⑤	지속 학습	- 모델 정확성 향상위한 지속학습
예측, 모니터링 ⑥	지속 품질 향상, SDK 활용 등	- 모델 지속 모니터링(성능/정확도 등) - Issue 발생시 개선 등

3. 머신러닝 파이프라인의 실무 적용 방안

가. 머신러닝 pipeline 유형및 적용

구분	상세 설명	OSS 사례
기본모델	배포, 캐싱, 코드우선, Reuse	Kubeflow pipeline
데이터 오케스트레이션	Data 중심활동, 강력한 Data 이동	Apache Airflow

지속통합/배포(CI/CD)	유용한 활동지원, 승인, 제어사용, DevOps	Jenkins

4. 머신러닝 파이프라인의 실무적용및 사례

구분	상세 적용	사례
개발자 측면	- 협업: 기계학습 디자인 프로세스 모든 영역에서 공동작업을 수행 가능	관계분리, 개발
유지보수 측면	- 재사용성: REST 호출을 통해 외부시스템에 게시된 파이프라인 트리거 사용 등 - 추적용이성: SDK를 사용하여 버전관리	GIT 등록
성과 측면	품질향상: 중요한 영역을 분리, 변경 내용 격리등	ISO 23053, ISO 23348

- MS 애저, 아마존 AWS등 활용, ML 파이프라인 적용가능
- OSS 머신러닝 파이프라인 관리도구는 Kubeflow등이 있음

"끝"

문100) 자연어 처리(Natural Language processing)

답)

1. Natural Language Processing의 정의

- 컴퓨터를 이용하여 사람 언어의 이해, 생성, 분석을 다루는 인공지능기술. - 인간의 언어현상을 기계적으로 분석해서 컴퓨터가 이해할 수 있는 형태로 만드는 자연언어 이해과정

2. 자연어 처리 구조와 구성요소

가. 자연어처리 구조

입력문장 → 형태소분석기 → 구문분석기 ← 문법
사전 → 형태소분석기, 구문분석기, 의미분석기
구문분석기 → 의미분석기
각종지식기반 — 의미분석기
의미분석기 → 담화분석기
담화분석기 → 문장생성기 → 출력문장
생성사전, 생성문법 — 문장생성기

입력문장에 대해 형태소/구문분석 → 의미분석(담화)후 생성사전과 생성문법등을 통해 문장생성후 출력함

나. 자연어처리 구성요소

구성요소	설명	비고
형태소 분석기	Text를 입력으로 하고 그것을 형태소 단위(사전의 표제어 단위)로 분석하여 사전에 있는 정보를 (품사정보) 함께 출력해 주는 분석기	명사, 조사, 형용사, 부사등

구문 분석기	형태소분석 결과로 도출된 품사를 조금 더 큰 단위로 묶어 구문 단위로 도출하는 분석기	명사구, 동사구, 형용사구
의미 분석기	구문이 의미적으로 결합하는지 검사하는 분석기	수학적 규칙은 없음
각종사전	자연어 처리를 위해 기본이 되는 용어들	형태소사전, 신조어

3. 형태소 분석의 사례

- 어떤 대상 어절의 모든 가능한 분석 결과를 출력하는 과정

예시) 나는 → 나(대명사) + 는(조사)

나는 → 날(동사) + 는(관형형어미)

"끝"

문101) 엑소브레인 (ExoBrain)

답)

1. 한국형 인공지능(AI), 엑소브레인의 정의

- 자연어를 이해하여 지식을 자가학습하며, 전문 직종에 종사하는 수준의 인간과 기계의 지식 소통이 가능한 지식과 지능이 진화하는 소프트웨어(SW)

2. ExoBrain 단계별 연구목표 및 연구결과

1단계 핵심기술 → 개발 → 2단계 응용기술 → 개발 → 3단계 글로벌 기술

	1단계	2단계	3단계
단계별 목표	일반지식융합 응답 분석형 S/W	전문지식융합 협업기반 응답 추론형 SW	다중도메인 글로벌지식융합 문제해결형SW
연구 과제	개념검증, 도전과제 콘테스트(ex. 퀴즈 등)	전문분야 실용화 (예. 의료, 법률 등)	글로벌 문제 해결 상용 S/W (예: 예측 등)

- 단순응답분석부터 지식융합후 문제 해결까지 종합 플랫폼 구성됨. 엑소브레인이 퀴즈쇼에서 인간을 제치고 우승

3. 엑소브레인 병렬형 4개 세부 과제

목표	세부 과제
인간모사형 지능: 자연어 심층이해	① 과제: 지능진화형 Wise QA 핵심기술 및 Platform 기술 개발
자율학습기반지식진화: 전문가 수준 지식 생산 및 공유	② 과제: 자가학습형 지식 베이스 구축 및 추론 기술 개발
문제해결형 협업: 인간과 기계의 지식소통 및 협업	③ 과제: 인간모사형 자가학습 지능 원천 기술 개발
	④ 과제: 자율 지능형 지식/기기 협업 Framework 기술개발

4. 엑소브레인(ExoBrain) 과제 기대 효과

- 지능 진화형의 인공지능 원천 기술 확보 및 기술 선도
- 전문가 문제 해결/의사결정 지원 지식 컨설팅 제공
- ICT 융합 기반의 지능형 서비스 산업 & 신시장 창출
- 한국형 인공지능(AI) 표준화 및 저변 확대

"끝"

문102) 엑소브레인(ExoBrain)과 DeepView 기술요소

답)

1. ExoBrain과 Deepview의 정의

엑소브레인: "내몸 바깥에 있는 인공두뇌"라는 의미로 "세계 최고 AI 기술 선도"위한 국가혁신기술 개발형 R&D 과제(SW명)

딥뷰(DeepView): 사람이 사물을 인지하고 시공간적으로 상황을 파악하듯 직관적으로 인지하는 시각적 AI S/W

2. 엑소브레인의 핵심기술요소(ETRI, KAIST등 주관)

기술	내용
자연어 이해기술	자연어 이해를 통한 지속적 언어지식 학습 빅데이터를 Base로 형태소분석&자연어이해
질의응답기술	사람과 유사한 자연어 기반 최적 질의 대응
자기학습기술	지식생산을 Base로 지식베이스 구축
추론기술	지식 Base 기반 스스로 예측/추론 하는 강 인공지능(AI) 지향 기술
인간모사형학습 자원원천기술	자기학습 통한 인간과유사한 지능화 원천 기술, 지식베이스확장통한 영역확장
자율협업 지능기술	지식/기기의 협업을 위한 지능형 Frame Work 개발, 도메인 협업 지식제공 방법, 추론기술 상호협력, 복합 상황추론, 대규모 불완전 추론, 지식소통 협업

3. 딥뷰(Deep view)의 핵심기술요소

분류	기술요소	설명
시각 정보 기술	시각데이터자산화	실시간, 대규모 데이터 수집
	빅데이터 저장	비정형 대용량 데이터 저장 기술
	API 지원	시각데이터 변환 & 외부 연계
대규모 처리	처리 pipeline	병렬, 분산처리 지원
	하이브리드	Workflow 기반 분산처리
	스케줄러	Gpu 사용 극대화 기술
내용 분석	이미지 분석	객체움직임분석후 상호관계 분석
	시각텍소노미	event, 객체에 대한 지식체계구축
	시멘틱 추론	온톨로지 기반으로 복합영상추론
예지형 응용	예측 기술	시각정보 기반 재난/재해, 선제적예측
	실시간 대응	시각정보의 즉각적 대응, 행위발생연계

- Deep view = 시각 지능 "끝"

문103) 딥뷰(Deepview)

답)

1. 시각 지능, Deepview의 정의

- 대규모 이미지(Image), 동영상을 분석하여 내용이해 및 상황예측을 실시간으로 수행하는 대규모 시각 BigData 분석 및 예측 Software.

2. Deepview의 기술 개념도

-다양한 대규모 Data에서 실시간 시각데이터 처리 및 예측

3. Deepview의 기술요소

분류	기술요소	설명
시각 정보 수집	시각Data 자산화	시각Data 실시간, 대규모 Data 수집
	빅데이터 저장	비정형 대용량 데이터 저장기술
	API 지원	시각Data 변환 & 외부서비스 연계
대규모 처리 (processing)	처리파이프라인 (pipeline)	대용량 비정형 시각데이터 처리 방법의 표준화 기술 병행, 분산처리지원
	하이브리드 스케줄러	Workflow 기반의 분산처리와 GPU 사용극대화 기술
내용	이미지 분석	객체와 움직임분석, 상호관계 복합분석

taxonomy : 분류체계

내용	시각 택소노미(분류학)	event, 객체에 대한 지식체계 구축
분석	시멘틱추론	온톨로지 기반으로 복합영상 추론
예지형	예측기술	시각정보 기반 재난/재해 등 선제적 예측
응용	실시간 대응	시각 정보에 대하여 즉각적인 event, 행위 발생 연계
지원	플랫폼화	고성능 비주얼 디스커버리 플랫폼 지원

"끝"

문104) SNA(Social Network Analysis)

답)

1. 사회구성요소간 관계분석기술, SNA의 개요

가. SNA(Social Network Analysis)의 정의

- 사람, 그룹, 조직, Comupter & 데이터등 객체간의 관계 & Network의 특성과 구조분석, 시각화하는 첨단분석방법

나. SNA (Social 네트워크 분석)의 특징

- 실시간 대용량 정보를 효율적으로 처리하는 기술과 사회 관계망을 Topology와 관계강도(Tie-Strength) 표현

- 고차원적 분석기법 → Social N/W 내의 중심성, 연결성, 밀접성을 분석하고 각 Node의 연결강도를 정의.

2. Social Network Analysis의 속성 및 측정지표

가. SNA의 5가지 속성

속성	도식	설명
응집력(Cohesion)		행위자들간 강한 사회화 관계존재
구조적 등위성 (Equivalence)		한 Network의 구조적 지위와 그 위치가 주는 역할이 동일한 사람들간의 관계
명성 (Prominence)		Network에서 누가 권력(power)을 가지고 있는가?
범위		행위자의 Network 규모
중계 (Brokerage)		다른 Network와 연결해 주는 Broker 역할 수행

4 SNA 속성별 주요 측정지표

속성	측정지표	내용
응집력	밀도	사회 N/W에서 가능한 총 관계자 수중 에서 실제로 맺어진 관계 수의 비율
	결속	모든 노드끼리 완전하게 연결된 하부 N/W
구조적 등위성	유클리디안 거리	가장 짧은 물리적 거리
	상관계수	두 행위자들간 관계의 패턴 유사도
명성	연결정도	행위자간 얼마 만큼의 관계를 맺고 있는가, 행위자에 직접적으로 연결되어 있는 행위합
	근접 중심성	간접적으로 연결된 모든 행위자들 간의 거리(직접적으로 연결된 행위자 포함)
범위	도달가능성	행위자간 연결이 얼마나 많은가?
	최단경로	가장 적은 수의 관계자를 거치는 경로
중개	매개 중심성	Network 내에서 한 행위자가 담당하는 매개자 혹은 중개자 역할의 정도
	구조적 틈새	중복 접촉이 없는 연결

3 SNA의 주목배경

- SNS의 활성화 : 트위터, 페이스북 등 소셜N/W 서비스의 활성화
- Smartphone 활성화 : 개인의 위치, 행위등에 대한 데이터 축적

"끝"

문105) 텐서플로 (Tensorflow)

답)

1. Google의 AI platform 라이브러리, Tensorflow 개요

가. Dual 모드(CPU, GPU) 지원 Tensorflow 정의

Machine Learning 모델의 손쉬운 제작과 Build 및 Release를 위해 구글에서 만든 End-To-End 오픈소스플랫폼

나. Tensorflow의 특징

직관적 API	Keras, 파이썬, C++API등 기존플랫폼 호환성 지원
Dual 모드	CPU, GPU 모드별로 ML 연산과 단순작업 분할
TPU	Tensorflow 전용 최적화 Chipset 활용

2. Tensorflow Architecture 및 구성요소

가. Tensorflow 아키텍처 (ver 2.0 기준)

Training

Tf Dataset / Tf Data

keras 평가기

Tf Core CPUs, GPUs TPUs

분석 Board (I/O)

tf: 텐서플로우

모델생성, 저장, Version관리

Save Model → Tf Hub (저장소)

배치, 분산

Tf 서비스 | Tf Lite (모바일지원) | Tf JS

- 간소화된 API기반으로 keras와 모델생성, 배치등으로 구성

나. Tensorflow의 구성요소 및 설명

항목	특징	기능설명

Tensor	Int, String등 정의	다양한 상수, 변수값 설정
operation	임의 연산 수행	다양한 속성값 표현
Node	In/out 구성	방향성 그래프 구조체 & 묶음
Kernal	Dual 모드 지원	CPU, GPU별 연산 & 작업
Training	Metrix 구성	Core 텐서플로우, 분석보드구성
Model versioning	모델 병렬화	모델 저장 & 관리
Deployment (배치)	서버, Edge 서버 이스, Web지원 등	Model Release, 언어 & platform 무제약 배포

- Tensorfow upversion 통해 속도 & 성능, 첨단 모델 학습으로 다양한 인공지능(AI) project에 적용중

3. 최신 인공지능(AI) 프로젝트 동향

사용기술 & 특징	설 명
보강 학습 알고리즘	미술, 음악 물질 생성 project
fast.ai	고속 뉴럴 네트워킹 Training
Mask R-CNN, Fast R-CNN	객체 검출 신속
강화학습 + 프로토타입	강화학습 Agent 생성 & 학습

- Tensorflow의 흐름과 기술을 활용할 다양한 project 들이 증가할 것으로 전망됨.

"끝"

문106) 파이선(python)의 특징 및 자료형(Data Type)

답)

1. Python = '비단뱀' 뜻 파이선(python)의 개요

가. Interpreter 언어, python의 정의

1991년 프로그래머 귀도반로섬이 개발한 인터프리터언어 배우기 쉬워 교육용언어로 많이 사용되다가 현재는 데이터 분석 & Machine Learning 등에 사용되고 있는 언어

나. Programming 언어의 변화와 python 위치

기계어	→ 구조적 프로그래밍	→ 객체지향 프로그래밍	→ 데이터분석 프로그래밍
Assembly 언어	- COBOL - FORTRAN - C언어	- JAVA - C++ - C#	- Python - R

- S/W의 사용목적과 H/W의 발달에 따라, programming 언어도 변화 및 발전함

2. Interpreter 형식언어, python의 특징과 JAVA와 비교

가. python의 특징

특징	설명
인터프리터 언어	실행시마다 소스코드를 한줄씩 기계어로 번역하는 방식
배우기 쉬운 언어	문법 자체가 아주 쉽고(Easy) 간결하며 사람의 사고체계와 매우 닮음

동적 데이터타입	데이터 타입에 관계없는 일반화된 Code작성 가능
메모리(Memory) 자동관리	Garvage Collection 기능 사용하며 필요시 메모리 자동 할당(Allocation), 해제
라이브러리 제공	많은 종류의 라이브러리를 제공하며 서드파티(제3자) 외부모듈도 풍부

- python은 쉽고 간결한 언어로 다양한 분야에서 사용중임

나. python과 JAVA 언어와의 문법비교

구분	JAVA	파이썬
변수선언	int a = 100;	a=100(명시선언 생략가능)
문장종결어	; 기술하여 문장 종결표시	종결어 없음
함수사용	Method로 명시	Function으로 명시
조건문	조건( )기술, { }로블럭구별	조건문뒤에 콜론(:) 기술

- python은 JAVA 언어에 비해, 좀 더 자유롭고 유연한 데이터 타입(Data Type)을 지정 가능함.

3. python의 자료형(Data Type)

가. 기본자료형

자료형	항목	설 명	사용예
Number	정수형(Int)	정수자료형	123, -34, 0
	실수형(Float)	소수점이 포함된 숫자	123.45
	8진수	0o 또는 0O로시작	0o35, 0O12
	16진수	0x로시작	0x2A

String	문자열	문자, 단어 등으로 구성된 문자들의 집합	"a", "123" "AB"
Boolean	True, False	참, 거짓을 표현	a=True, b=False

- python은 기본 자료형과 군집 자료형을 지원함

나. 군집 자료형

자료형	항목	설명	사용예
List	List명=[요소1, 요소2, 요소3, ……]	복수의 데이터를 하나로 묶을 수 있음	a=[1, 2, 3] b=list('abc') -Index, slicing 가능
Tuple	튜플명=(요소1, 요소2, 요소3 …)	리스트는 생성, 수정 삭제 가능하나 튜플은 그 값을 바꿀 수 없음	a=1, 2, 3 b=(4, 5, 6) 등 List로 변경 후 수정 가
Dictionary	Dic.명={key1 : Value, key2 :Value, ……}	Key를 통해 Value를 얻는 자료형	과일={'사과':'apple', '배':'pear', '포도': 'grape'}
Set	set()	집합에 관련된 것을 쉽게 처리하기 위한 자료형	b=(1, 3, 2, 4, 1) c=set(b) print(c) {1, 2, 3, 4}

- python은 군집 자료형을 통해, 다양한 비정형 데이터 처리가 용이함

4. python의 활용분야

구분	활용분야	설 명
개발 분야	System 유틸리티 제작	운영체제의 시스템 명령어 사용 가능 한 각종도구로 개발이 유리함
	GUI 프로그래밍	Tkinter 활용, 윈도우 프로그램개발
	C/C++와의 결합	타언어와결합 개발, 사용용이
	웹프로그래밍	웹게시판, 방명록 개발 쉬움
	수치연산	Numpy 수치연산 모듈 제공
	데이터베이스	pickle 모듈 제공 통한 개발활용
분석 분야	데이터분석	Panda 모듈사용, 분석분야증가
	사물 인터넷	라즈베리파이사용한 제어도구

- 파이썬은 Easy 배울수 있어 다양한 응용분야에 활용가능

"끝"

문107) 패션 의류용 이미지를 분류하는 다층 신경망을 만들려고 한다. 의류용 이미지는 바지, 치마, 티셔츠등 10가지 유형의 흑백이미지(32*32 pixels)로 구성되어 있고, 학습에 투입할 이미지 데이터는 검증및 테스트용 데이터를 제외하고 총 48,000 장이다. 입력층, 은닉층, 출력층의 완전연결(Fully Connected) 3계층으로 구성되어 있고 은닉층의 뉴런 개수는 100개 일때 다음에 대하여 설명하시오.

가. 신경망 구성도

나. 입력층의 입력개수, 출력층의 뉴런 개수, 학습할 가중치와 절편의 총 개수

다. 원 핫인코딩 (One-Hot Encoding)과 소프트맥스(Softmax) 함수

답)

1. 패션의류용 이미지 분류를 위한 다층 신경망 설계의 개요

입력층 | 은닉층 | 출력층

X1, X2, …, X1024 → H1, H2, …, H100 → 바지, 치마, 티셔츠, …

의류 10종류의 흑백 이미지 48,000장

입력값 + 가중치 + Bias

32x32 pixels =1024

One-Hot Encoding, Soft max

- 다층 신경망은 다수 레이어의 효율적 처리 및 패턴인식, 예측, 분류등에 효과적임
- 바지, 티셔츠등 패션 의류이미지를 분류하기위해 다층신경망 (Multi Neural Network)을 활용함.

2. 신경망 개념도 및 입력층의 입력 개수, 출력층의 뉴런개수, 학습할 가중치와 절편의 총 개수

가. 패션 의류용 다층신경망 개념도

- 패션의류용 다층신경망은 입력층 1024개(pixel), 은닉층 100개, 출력층(의류10종)으로 구성됨

나. 출력층의 뉴런개수, 학습한 가중치와 절편의 총개수

항목	개수	설 명
입력층의 입력개수	1,024개	이미지크기가 32×32픽셀이고 각 픽셀이 하나의 입력값으로 입력(32×32 = 1024)

출력층의 뉴런 개수	10개	분류할 의류 이미지가 바지, 치마, 티셔츠 10종이 출력층의 개수가 됨
학습할 가중치와 절편의 총 개수	103,500개	- 입력층과 은닉층 사이 : 1024 * 100 = 102,400 + 100 = 102,500개 - 은닉층과 출력층 사이 : 100 * 10 = 1,000개 - 총 개수 = 102,500 + 1,000 = 103,500

- 출력층의 값을 제어(Control)하기 위해 Softmax, One-Hot Encoding 을 활용함

3. One-Hot Encoding과 Softmax 함수

가. One-Hot Encoding 함수(예시)

개념	범주형 변수에 대해 단 하나의 값만 True이고 나머지는 모두 False인 Encoding 기법
예시	범주형 변수: 바지, T-셔츠, 치마, ⋮ → One-Hot Encoding (10가지 유형 2^4으로 해결) → 인코더 값: [1, 0, 0, 0], [0, 1, 0, 0], [0, 0, 1, 0], ⋮

4. Softmax 함수(예시)

개념	입력받은 값을 출력으로 0~1 사이의 값으로 모두 정규화하며 출력값들의 총합은 항상 1이 되는 함수

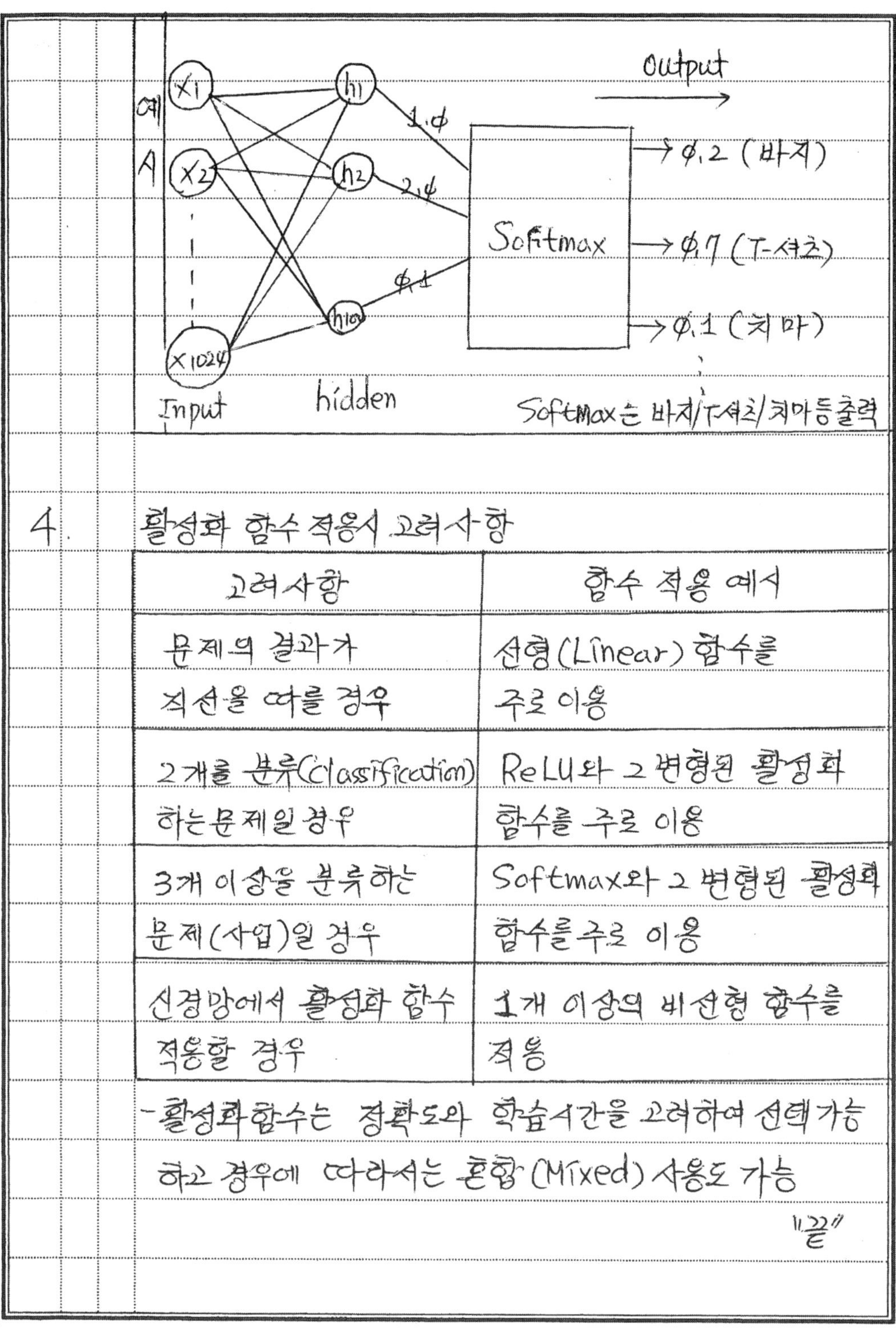

4. 활성화 함수 적용시 고려사항

고려사항	함수 적용 예시
문제의 결과가 직선을 따를 경우	선형(Linear) 함수를 주로 이용
2개를 분류(Classification) 하는 문제일 경우	ReLU와 그 변형된 활성화 함수를 주로 이용
3개 이상을 분류하는 문제(사업)일 경우	Softmax와 그 변형된 활성화 함수를 주로 이용
신경망에서 활성화 함수 적용할 경우	1개 이상의 비선형 함수를 적용

- 활성화 함수는 정확도와 학습시간을 고려하여 선택 가능하고 경우에 따라서는 혼합(Mixed) 사용도 가능

"끝"

기출 및 예상 토픽

GPU와 CPU, 교차검증(K-fold Cross Validation)기법, 머신러닝 모델의 평가 방법, 머신러닝 보안 취약점, 머신러닝 학습과정에서의 적대적 공격 4가지, 적대적 공격의 방어 기법, 데이터 어노테이션(Data Annotation), AIaaS(AI as a Service)와 도입 시 고려사항, 전이 학습(Transfer Learning), Pre-Crime, 인공신경망의 오류 역전파(Backpropagation) 알고리즘, 인공지능 소프트웨어 개발 프로세스의 V 모델, 인공지능 개발과정에서 중점적으로 점검할 항목, 인공지능 데이터 품질 요구사항, XAI(eXplainable AI), 디지털 카르텔(Digital Cartel), 인공지능(AI) 데이터 평가를 위한 고려사항 등에 대해 학습할 수 있습니다. [관련 토픽 - 15개]

문108) GPU(Graphic Processing Unit)와 CPU(Central processing unit)의 차이점

답)

1. GPU와 CPU의 개념 및 특징

- GPU
  - 개념 - 이미지와 영상을 처리하는 역할
  - 특징 - Floating Point 연산을 하는 ALU Core를 수천개 반복 구성시켜 빠른 Graphic 처리수행
- CPU
  - 개념 - 명령 해독, 산술논리연산 & 데이터 처리/실행
  - 특징 - Computer의 가장 핵심부분
    - ALU, Register, 제어장치, Bus로 구성

2. GPU와 CPU의 차이점

구분	GPU	CPU
구조	제어기 / ALU1, ALU2, ALU3.., ALUn / DRAM	Control / ALU ALU ALU ALU / Cache / DRAM
구성요소	DRAM, 소형 Cache, 제어기 다수의 ALU, SP, TPC	DRAM, Cache, SP(stack pointer) Control, ALU 등
코어 구성	병렬처리용으로 설계 수천개의 소형 ALU.	하나의 CPU는 몇개의 최적화된 Core로 구성
연산 처리	-병렬 처리가 기본 -특정연산을 동시에 처리	-병렬/직렬 처리 -명령어를 병렬로 순차처리

연산대상	부동소수점 연산중심	정수연산중심
데이터 구조	비트맵(X,Y,Z기반의 위치와 길이)	연산 : Stack 기반
연산수행	Multi-Thread가 기본	Process/Thread 기반
기술요구	고속 병렬 연산	빠른 명령어 처리

- 고속 연산, 병렬 연산을 통한 GPU의 데이터 처리 능력으로 Machine Learning, Deep Learning등 인공지능분야에서 GPU가 보편적으로 사용.

3. GPU + CPU ⇒ GPGPU (General Purpose GPU)

CPU

고속연산
행렬, 벡터연산
⟷
연산기능 분담

Programming 환경
GPU 가속기

- GPU의 일부기능을 통해 CPU의 연산 기능을 분배하여 고속처리가 가능한 기술 (상호 Co-work)

"끝"

문109) 머신러닝 모델은 학습과 함께 검증 및 평가 과정이 필요하다.
가. 교차검증(K-fold Cross Validation) 기법에 대해 설명하시오.
나. 머신러닝 모델의 평가방법에 대하여 설명하시오.

답)

1. 머신러닝(Machine Learning) 모델 평가의 필요성

K-fold Cross Validation, Holdout	→	혼동행렬, ROC 커브(Curve)	→	-신뢰성 증가 -예측 성능 향상 -알고리즘 비교
모델 검증		모델 성능 평가		필요성

- K-fold Cross Validation을 활용하여 머신러닝(Machine Learning) 모델의 성능 검증을 진행(실시)

2. 교차 검증(K-fold Cross Validation) 기법

가. 교차 검증 기법 설명

구분		설명
개념		K개의 fold를 만들어서 교차검증을 수행하여 머신러닝 모델(Model) 검증할 수 있는 기술
특징	최적화	한번에 많은 데이터셋 학습으로 모델 최적화
	Iteration	K 만큼 반복(Repeat) 수행
단점	시간소요	일반 학습법 대비 시간 소요 증가
	K수에 의존성	K가 작을수록 결과 편중될 가능성 높음

1	구분	상세 설명
4. 교차 검증 메커니즘		K-fold cross validation flow
	개념도	3-fold cross Validation Round1 Round2 Round3 Original Data Set (100%) ① Training DataSet (80%) ② Training fold / Training fold / Validation fold — 27% 26% 27% — over-fitting 방지 — 분류 알고리즘 ③ Classifier ④ Test Data set (20%) ← 성능평가용 Test data ⑤ 최종모델평가
	수행절차	① 전체 Data를 Training Data와 Test data로 분할
		② Training Data를 K개의 fold로 나눔 (K=3)
		③ K-1개(2개)는 Training data, 나머지 1개는 Validation data로 지정
		④ Validation data를 변경하면서 학습수행
		⑤ Test data로 모델(Model) 평가
		- K번을 Iteration하며 학습을 수행한 후 최종 모델에 대한 성능 검증수행

3. 머신러닝 모델 평가방법

가. 머신러닝 모델 평가방법 도식화

- 데이터 수집, 예측값과 실제값 비교수행, 혼동행렬 작성 → 혼동행렬 기반 성능평가 순으로 처리됨.

데이터 자동수집 → 예측값과 실제값 비교수행 → 혼동행렬 작성 → 혼동행렬 기반 성능 평가기법. 정밀도, 정확도, F1 Score, 재현율, ROC Curve

-TP, TN, FP, FN　　-N*N형태

- 혼동행렬 기반의 성능평가 매트릭스(Matrix)를 활용하여 머신러닝(Machine Learning) 모델 평가수행

4. 머신러닝 모델 평가 방법 상세 설명

방법	상세 설명			
혼동행렬			예상 Condition	
			예측 참	예측 거짓
	실제 Condition	실제 참	TP	FN
		실제 거짓	FP	TN
	TP: True Positive, FP: False Positive FN: False Negative TN: True Negative			
	예측된 값과 실제 값이 일치하는지 여부를 행렬로 분류하는 모델 평가 방법			
성능평가 매트릭	정확도 Accuracy	Y로 예측된 것중 실제로도 Y인 경우의 비율	$\frac{TP}{TP+FP}$	
	정밀도 Precision	전체 예측에서 옳은 예측의 비율	$\frac{TP+FN}{TP+FP+TN+FN}$	
	재현율 Recall	실제로 Y인 것중 예측이 Y로된 경우의 비율	$\frac{TP}{TP+FN}$	

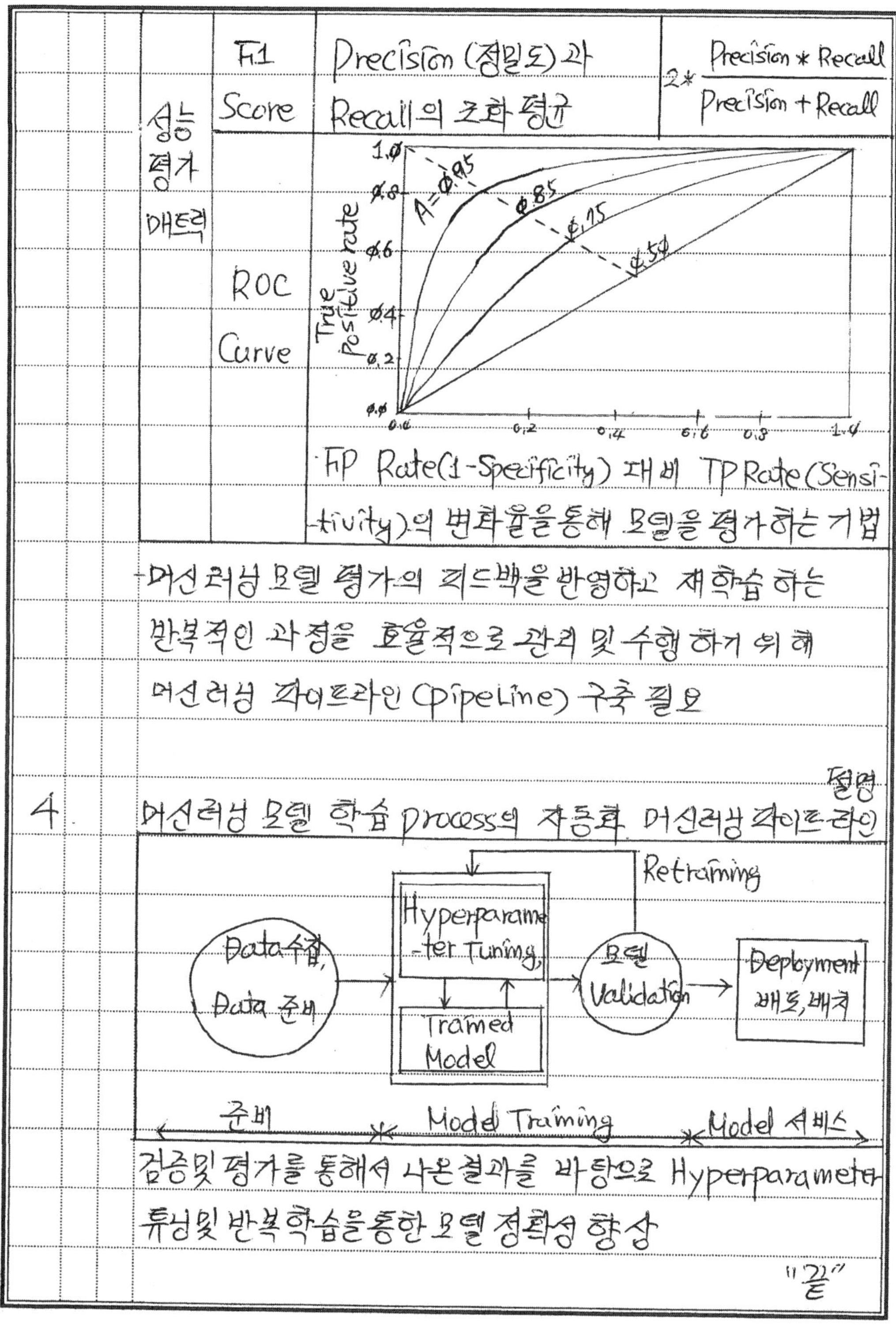

성능 평가 매트릭	F1 Score	Precision(정밀도)과 Recall의 조화 평균	$2 * \frac{Precision * Recall}{Precision + Recall}$
	ROC Curve	(ROC 그래프) FP Rate(1-Specificity) 대비 TP Rate(Sensitivity)의 변화율을 통해 모델을 평가하는 기법	

-머신러닝 모델 평가의 피드백을 반영하고 재학습 하는 반복적인 과정을 효율적으로 관리 및 수행 하기 위해 머신러닝 파이프라인(pipeLine) 구축 필요

4. 머신러닝 모델 학습 process의 자동화 머신러닝 파이프라인 설명

검증및 평가를 통해서 나온결과를 바탕으로 Hyperparameter 튜닝및 반복학습을 통한 모델 정확성 향상

"끝"

문 110) 머신러닝 보안 취약점에 대해 설명하시오.

가. 머신러닝 학습과정에서의 적대적 공격 4가지

나. 각각 적대적 공격의 방어기법

답)

1. 머신러닝(Machine Learning)의 적대적 공격 개요

가. AI 활용분야의 위협, 머신러닝의 적대적 공격의 정의

- 머신러닝의 심층신경망을 이용한 모델에 적대적 교란(Adversarial Perturbation)을 적용하여 오분류를 발생시키는 공격기술

나. 적대적 공격의 유형

기밀성
무결성
Model 추출공격
Invasion(침입)공격
poisoning 공격 (중독)
Evasion 공격 (회피)
Data 수집 → Data 준비 → Model Train → Model Test → 설치, 배포
Inversion(전도) 학습데이터추출공격
AI 학습과정

- Invasion(침입), poisoning(중독), Evasion(회피), Model 추출, Inversion(전도) 등의 유형으로 분류됨

2. 머신러닝 학습과정에서의 적대적 공격 4가지

가. 기밀성 측면의 공격기법

- Inversion(전도), Model Extraction attack 등이 있음

공격기법	설명	사례
Inversion attack (전도공격, 학습데이터 추출공격) (역공학 활용)	-머신러닝 모델에 수많은 Query를 던진후, 산출된 결과값을 분석해 모델 학습을위해 사용된 Data를 추출하는 공격 -산출된 결과값을 분석해 학습과정에서 주입된 데이터를 복원하는 방식	얼굴인식 머신러닝 모델의 학습을위해 사용한 얼굴이미지 데이터를 복원 가능 -역공학으로 최초 Data들을 추출해 낼수 있음.
Model Extraction Attack (모델 추출 공격) (역공학 활용)	-머신러닝 모델을 추출하는공격 -역공학활용 -유료 머신러닝 모델 서비스 (MLaaS: 머신러닝 as a 서비스)를 탈취하거나, Inversion attack, Evasion attack과 같은 2차 공격에 활용하기 위해 사용될수 있음	(연구결과) 70초 동안 650번의 Query 만으로도 아마존 머신러닝 모델과 유사한 Model을 만들어 내는 것이 가능

ML service
Data Owner
Train model
DB
Model
x_1
$f(x_1)$
x_n
$f(x_n)$
Extraction
$\hat{f}$
역함수 도출 가능

구분	설명	사례
Poisoning Attack (중독공격, 오염공격)	-의도적으로 악의적인 학습 데이터를 주입해 머신러닝 모델을 망가뜨리는 공격 -모델 자체를 공격해서 모델(Model)에게 영향	악의적인 발언을 하도록 훈련시켜 욕설, 인종차별, 성차별, 정치발언 등 원치 않은 결과 유발
Evasion Attack (회피 공격)	입력 데이터에 최소한의 변조를 가해 머신러닝을 속이는 기법. (이미지 분류) 사람의 눈으로는 식별하기 어려운 방식으로 이미지를 변조해 머신러닝 이미지 분류 모델이 착오를 일으키게 만드는 수법	-도로 교통표지판에 이미지 스티커를 부착해 자율주행 자동차의 표지판 인식 모듈을 교란 (자율주행차가 '정지' 표시를 '속도제한' 표시로 오인식

-적대적 공격기법의 대상과 각각의 특징에 따른 대응 방안이 지속적으로 연구되고 있음.

3. 적대적 공격의 방어기법

가. 각각 적대적 공격에 대한 방어기법

Poisoning Attack ← 적대적 훈련 (Adversarial Training)

Evasion Attack ← Defense-GAN

Evasion Attack ← 적대적 훈련 (Adversarial Training)

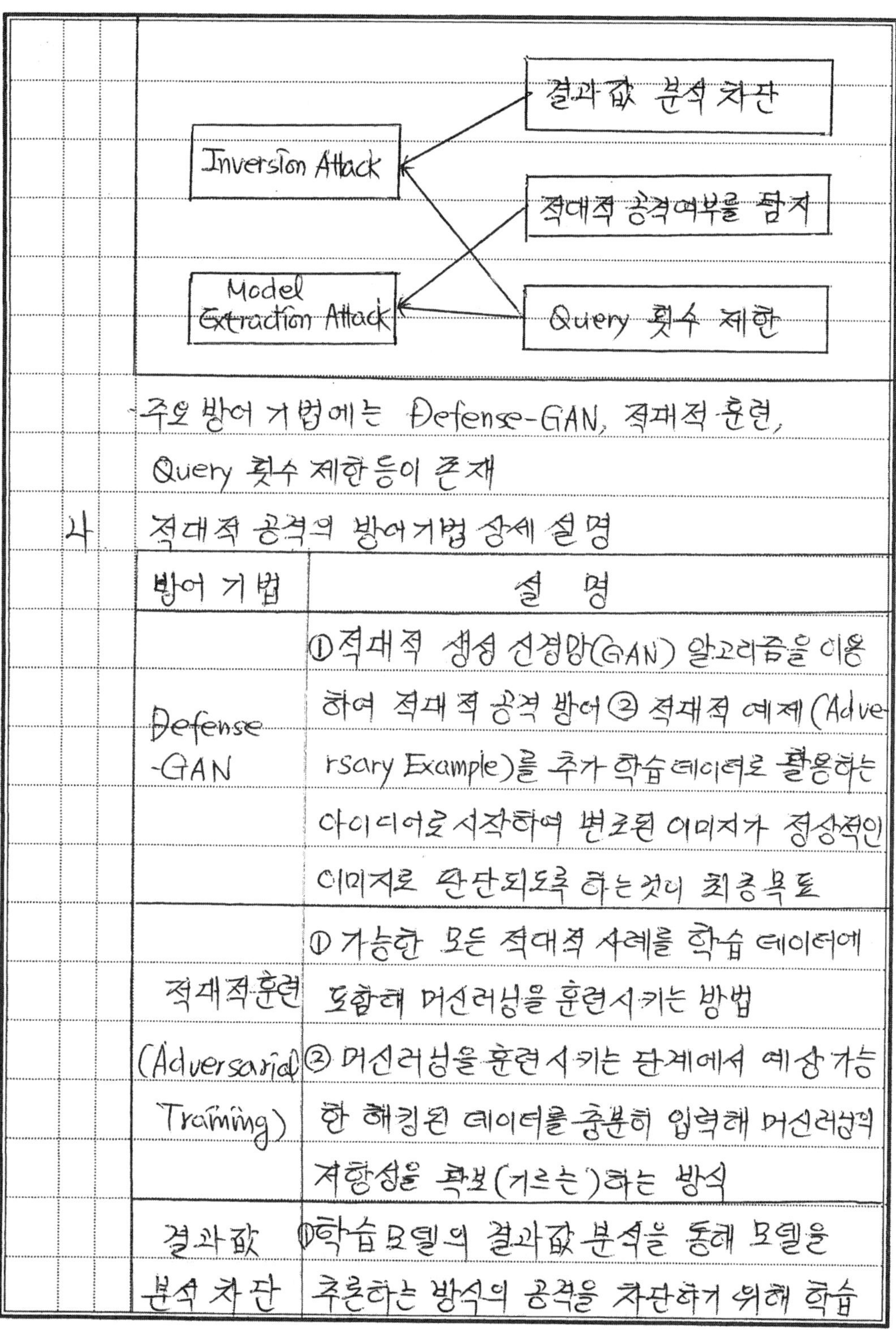

- 주요 방어 기법에는 Defense-GAN, 적대적 훈련, Query 횟수 제한 등이 존재

나. 적대적 공격의 방어기법 상세 설명

방어 기법	설 명
Defense-GAN	① 적대적 생성 신경망(GAN) 알고리즘을 이용하여 적대적 공격 방어 ② 적대적 예제(Adversary Example)를 추가 학습데이터로 활용하는 아이디어로 시작하여 변조된 이미지가 정상적인 이미지로 판단되도록 하는것이 최종목표
적대적 훈련 (Adversarial Training)	① 가능한 모든 적대적 사례를 학습 데이터에 포함해 머신러닝을 훈련시키는 방법 ② 머신러닝을 훈련시키는 단계에서 예상 가능한 해킹된 데이터를 충분히 입력해 머신러닝의 저항성을 확보(기르는)하는 방식
결과값 분석 차단	① 학습모델의 결과값 분석을 통해 모델을 추론하는 방식의 공격을 차단하기 위해 학습

	모델의 결과값이 노출되지 않도록 하거나, 결과값을 분석할 수 없게 변환하는 방식으로 공격을 차단
적대적 공격여부를 탐지	원래의 모델과 별도로 적대적 공격여부를 판단하기 위해 모델을 추가한 후, 두 모델의 추론 결과를 비교해 두 결과 간에 큰 차이가 발생하는 경우 적대적 공격으로 탐지하는 방식
Query 횟수 제한	① 모델에 반복적인 Query를 시도하는 Inversion Attack이나 Model Extraction Attack을 방어하기 위해서 모델에 대한 Query 횟수를 제한하는 방식 ② 학습 데이터에 포함된 기밀정보, 민감정보가 노출되지 않도록 암호화 등의 비식별 처리 방식도

AI에 의지하기보다는 인간의 접근관제를 통해 데이터가 오염되지 않았는지 Model이 오작동하고 있는지 등 지속 Monitoring 하고 점검하는 것이 필요.

"끝"

문 111) Data Annotation (데이터 어노테이션) 기법

답)

1. Data Labeling, 데이터 어노테이션의 개요

가. Data Annotation의 정의

- 인공지능이 데이터의 내용을 이해할수 있도록 주석을 달아주는 작업, 즉, AI 알고리즘이 이해할수 있도록 Labeling

나. 데이터 어노테이션 방법(Data Annotation Method)

- Metadata를 Dataset에 추가하는 작업, "태그(Tag)형식으로 이미지, Text, 비디오, 음성파일등에 추가하는 방식

2. 데이터 Annotation의 기법및 설명

구분	예시	설 명(장/단점)
바운딩박스 (Bounding Box)	축구공	-객체의 가장자리에 딱 맞춘 사각형 틀을 그려 캡처 장점: 쉽고빠르게 데이터 가공 단점: 해당 객체 미포함 픽셀 존재
폴리곤 (Polygon)	커피	-객체의 테두리 지점을 표시해인식 규칙적이지 않은 형태의 객체 정밀선택 장점: 정확하게 인식 단점: 겹쳐져 있을경우 부정확
폴리라인 (Polyline)	횡단보도, 도로	-객체 테두리에 여러점을 찍어인식 시작점과 끝점이 달라도 인식가능 -자율주행 자동차의 차선 탐지훈련등

포인트 (point)	사과	-이미지 상 단일 픽셀을 찾음 -이미지 속 개체수, 군중 속 사람 선택 등 장점: 작업 방법 쉽고 간단 단점: 윤곽 명확하지 않을 시 오류 발생
큐보이드 (Cuboid)	← 넓이 → 길이 폭	-길이와 너비, 폭까지 표현 가능 -2D 이미지 위에 정밀도를 높임 장점: 3D 환경에 사용 가능 단점: 불규칙/가려진 부분 등 작업 어려움
시맨틱 세그멘테이션 (Semantic Segmentation)	Sky Trees Cat Grass	-이미지 속 모든 장면과 상황을 인식 할 수 있게 가공하는 고차원의 방법 -장점: 장면을 잘 이해할 수 있음 -단점: 많은 작업 → 높은 공정 비용 추가

"끝"

문112) AIaaS(AI as a Service)와 도입시 고려사항

답)

1. AI → 인공지능 서비스(AIaaS), AIaaS의 개요

가. Cloud 환경 AI 서비스 제공, AIaas의 정의

- AI를 Cloud에 구현해서 제공하는 서비스

나. AIaaS(AI as a Service)의 특징

구현성	이미 구현된 AI 서비스를 API로 활용
편의성	Cloud platform 내의 서비스 사용
운영효율성	'사용한 만큼만 지급'(pay as you go)
접근성	단말기기에 관계없이 Cloud 서비스 이용

2. AIaaS의 구조 및 설명

가. AIaaS의 구조(예시)

AIaaS는 IOT, BigData 분석 등에 활용가능

4. AIaaS의 서비스 유형

구분	서비스유형	서비스목적 및 활용
인공지능 기능 측면	AI API 엔진 서비스	-AI기능 제공(Open API) -자연어 처리(NLP) 엔진, AI학습모델 등
	머신러닝 프레임워크 서비스	-실 Data 기반 AI 엔진 학습 FW 제공 -수집, 전처리, 패턴분석, 빅Data 분석 등
	AI Application 서비스	-다양한 AI 엔진 조합 → AI SW 제공 -사용자 맞춤형 AI모델, 사용자 정의 기능 등
Cloud 서비스 측면	IaaS 기반 AI HW 인프라 서비스	-AI서비스 위한 Cloud 기반 H/W환경 제공 -GPU, NPU, 병렬처리 등 오토스케일링 서비스
	PaaS 기반 학습 모델 개발 환경	-HW 기반 환경에 AI 개발 도구 및 플랫폼 제공 -정형정보 추출, 모델 학습/검증 서비스
	SaaS 기반 AI API 서비스	-기존 AI SW와 연동하는 API 형태 제공 -머신러닝 모델 API/SDK 서비스 등

3. AIaaS 도입시 고려사항

가. 기업과 기관 등에서 AIaaS 도입시 고려사항

AI 직접도입시 고려사항

- 인공지능 기술역량 확보
- AI platform 구축 및 운영 예산 확보
- AI/ML 전문인력 수급
- AI학습/모델링 작업시간 확보

FW = Framework

4. AIaaS 도입시 고려사항 설명

항목	부족항목	세부 원인
AI 기술역량 확보	AI 기술 자체역량 부족	-AI플랫폼 전영역 자체역량확보 어려움 -수집/전처리, 모델링등 전과정 전문성 필요 -신기술변화에 따른 최적AI 기술활용어려움
AI플랫폼 구축&운영 예산확보	CAPEX/OPEX 비용부담	-AI플랫폼구축시 막대한 구축/운영비용부담 -슈퍼컴퓨터, GPU등 고가 AI인프라 구축비용 필요 -검증된 기술투자로 ROI관점의 공격적투자불
AI/ML 전문인력 수급	AI/ML 전문인력 수급어려움	-AI/ML전문인력은 해외 빅테크 기업 소속 -전문기업 제외, AI/ML전문인력 부족 -인프라, 모델링, 분석전문가등 필요
AI학습/모델링 작업시간 확보	충분한 작업 시간 확보 어려움	-AI/ML 전과정 시행착오, 반복작업 -단계별 플랫폼구성, 학습등 수행 시간과다 -기업에서 시간은 손 생존의 문제로 시간확보곤

4. AIaaS의 장단점 및 사용시 고려사항

가. AIaaS의 장단점

구분	장/단점	세부 설명
AIaaS 장점	선택과 집중가능	-완전관리형 AI서비스로 별도인력불필요 -기업전략목표(KPI) 달성에 집중가능
	AI운영투명성	-AI개발, 운영, 유지보수비용 ← 투명성 제공
	투자위험감소	-낮은초기투자비용으로 실패시 Biz영향도낮음

AIaaS 단점	학습 데이터/모델 보안성 취약	- AI 학습 및 결과 분석 위해 공개망에 데이터 저장 형태 - AI 학습 모델 & 결과물 분석 과정이 블랙박스
	Cloud 기반 데이터 활용 제한	- 특정 국가 & 지역, 분야별 AI 데이터 Cloud 저장 제한, 지역에 따라 특정 유형 AIaas 사용 불가

4. AIaas 사용시 고려사항

구분	고려사항	대응 방안
AIaaS 단점 (보완 측면)	Cloud 및 AI 보안성 향상	- 처리 흐름 추적, 내부/외부 서비스 격리 - XAI 반영, AI 모델 및 결과에 대해 설명
	데이터 거버넌스 & 법률 준수	- Master Data 별도 관리 - EU-GDPR, 전자의무기록관리 등 준수
AIaas 사용시 경쟁력 강화 측면	융합 프로젝트 강화	- Cloud 인프라 활용 우선 지원 & 문제점을 AIaas 기반으로 해결하는 All AIaas 강화
	기업 간 협업	- 기업 단독 AI, IoT 등 다수 개발은 역부족 - 대/중/소 기업 협업 Alliance 체계 강화

- AIaaS는 금융, 공공, 의료, IT 산업 등을 중심으로 머신러닝 모델, 자연어 처리 분야의 서비스로 비대면, 자동화 추세에 따른 수요로 성장이 지속적으로 촉진될 전망임

"끝"

문 113) 전이학습(Transfer Learning)

답)

1. 학습치 재사용 기법, 전이학습의 개념 & 필요성

개념	필요성
Data 세트(Set)가 유사한 분야에 학습치를 전이하여 Fine Tuning 기반 신경망 학습 재사용 기법	- 데이터부족 해소 - 학습시간 단축 - 학습치 재사용

2. 전이학습의 구조 및 설명, 알고리즘의 종류

가. 전이학습의 구조(예시)

나. 전이학습 구조(메커니즘)의 설명

구분	메커니즘	설명
①	Feature Learning	Dataset 기반 학습수행
②	Transfer Parameter	학습치(parameter) 전이
③	Classifier Learning	Fine Tuning 기반 미세조정

다. 전이학습의 유형과 알고리즘

유형	알고리즘	설명
Inductive (귀납적)	-Multi-task 학습	하나의 훈련셋으로 여러 분류모델 처리
	-Self-taught 학습	Labeled Data로 Feature 생성 최종분류자 변환
Trans-ductive (변환)	-Domain 적응	Feature 생성후 Target 도메인 구별 차단
	-Sample Select Bias	-학습치 샘플선택, 해당 학습치만 전이

3. Transfer Learning의 한계점 & 해결방안

한계점	해결 방안
소스모델(Source Model)의 학습 데이터로 목표모델에 적용가능여부 예측 어려움	-Feature Representation -소스·목표 모델간 공통 Feature 탐색, 오류 감소 등

"끝"

문 114) 프리 크라임(pre-Crime) 시스템

답)

1. AI 통한 범죄예방, pre-Crime 시스템의 개요

개념	주요 기능
치안 Data수집 및 Deep Learning 분석 통해 범죄가 일어나기 전에 사건을 예측하여 범죄자를 식별, 추적, 차단하는 최첨단 치안시스템	- 실시간 용의자 식별/ 검색/추적/수사의사 결정지원 - 실시간 범죄/테러방지

2. Pre-Crime System의 개념도 및 주요기술

가. Pre-Crime 시스템의 구성도

- CCTV, 블랙Box 스마트폰, SNS
- 범죄데이터 (범인, 범죄패턴)
- CPTED

→

- 실시간 모니터링, 알람
- Crimemap, 위치추적
- 프로파일링, 추천시스템 AI알고리즘
- 컴퓨터 비전, 영상인식
- 상관분석, 시계열분석

→ 범죄예측 System

Big Data 수집 ← → Pre-Crime 시스템 ← → 범죄예방, 예측

축적된 범죄데이터를 기계학습을 통해 범죄예측 데이터의 Real time 제공, Monitoring 및 예측 제공

나. Pre-Crime(프리크라임) System의 주요기술

구분	기술요소	세부 기술
사전 학습	범죄Data 클렌징	데이터 라벨링(시간/장소등), 표준화
	범죄Data수집/저장	Cloud, Big Data, IoT, 지능형CCTV

	범죄영상/이미지	딥러닝, CNN, RNN
분석/추적	범죄 Data 분석	SNA, 상관/관계분석, 패턴분석
	범죄자 식별	안면인식, 홍채스캔, 유전자, 음성등
	범죄자 추적	위치, C-ITS, 경찰드론, 전자발찌
모니터링(예측/예방)	범죄예방설계	CPTED(범죄예방환경설계)
	유사사건분석,검색	Text-Mining, 유사도분석, 시계열분석
	우범지역모니터링	도시범죄지도, Data가시화

3. Pre-Crime System의 사례

구분	사례	세부기술
국내	AI활용음란물차단	-Data Labeling, Data 표준화
	전자발찌	-범죄 징후 예측+전자발찌(행위,동선)
	범죄분석&예측	-과거 Data 분석, 분류, 패턴화
국외	미국(PredPol)	-범죄 확률 높은 지역 예측→사전출동
	영국(OAsys)	-수감자 재범예측, 재범확률등
	일본(CCTV+행위분석)	-절도행위 예측, 범죄자추적등

"끝"

문115) 인공신경망의 오류역전파(Backpropagation) 알고리즘

답)

1. 인공신경망의 가중치 학습 최적화, Backpropagation 개요

정의 출력값이 원하는 출력과 다를 경우, 가중치를 갱신하여 오차를 최소화 시키도록 반복수행하여 신경망을 학습시키는 알고리즘

특징 반복수행(FeedBack), 다층신경망(MLP), 감독학습(Supervised 학습), 역방향계산

2. 오류 역전파(Backpropagation) 알고리즘의 학습 설명

가. 오류 역전파 알고리즘의 학습개념도

Input Layer
Hidden Layer
Output Layer
① Input 1
④ Input 2
③ Error 0.36
② Error 0.6
Error 0.24
3
2

출력층의 결과를 비교하여 오차가 있을경우 역전파하여 은닉층(Hidden Layer)의 가중치를 조정하여 갱신

4. 오류 역전파 알고리즘의 학습 절차(Flow)

단계	설명	특징
① Input	입력→출력층으로 순전파 수행	가중치 초기화
② 오류 역전파계산	출력층 오류최소화하는 가중치 탐색(0.6) 출력층→역방향 진행	미분 (예상값 - 실제값)

③ 가중치 조정	학습률 만큼 수정한 가중치로 조정 오차값 Ø.6을 3,2로 배분하여 Ø.36, Ø.24로 갱신	에러 최소 평균제곱의 미분
④ 반복수행	목표 도달시까지 위과정 반복	N회 epoch 수행

- 다층신경망에서 경사하강(Gradient Descent)을 수행하는 핵심 알고리즘.

3 오류 역전파 알고리즘의 문제점과 해결방안

구분	항목	설명
문제점	Sigmoid 함수의 문제	- 계단식 함수를 미분 가능하도록 곡선화 - 기울기 문제 (Vanishing gradient problem) 발생
해결방안	ReLU 사용	- X값이 Ø이하이면 Ø를 출력, Ø이상이면 비례 함수 적용. - max(Ø,x) 함수사용

"끝"

문 116) 머신러닝(Machine Learning)의 학습방법은 크게 3가지 [지도학습(Supervised Learning), 비지도 학습(Unsupervised Learning), 강화학습(Reinforcement Learning)]로 분류한다. 인공지능 소프트웨어 개발 프로세스를 V모델 기준으로 도식화하고 관련 기술의 최신 동향 및 안전 취약성을 설명하시오.

답)

1. AI S/W 개발 process 기준, V모델의 도식 및 설명

가. AI S/W 개발 process V모델

Biz 분석, Data수집, 전처리
Biz/Data 정의
데이터 정제
AI아키텍처 수립
Verification
AI 학습 및 개선
모델 검증
Data 품질 확보
요구사항 확인
Biz 검증
Validation

- S/W공학의 verification과 Validation과 유사

나. AI S/W 개발 process의 상세설명

구분	영역	상세설명
Verification	Biz 분석	Biz 분석 통한 AI 모델, 유형 등 파악
	Data수집	동영상, 이미지, Text, 음성 등으로 구분
	Data 정의/정제	AI모델에 적용될 Data 정의/정제
	AI아키텍처 수립	AI모델, AI 프레임워크 선택, 알고리즘 등

Validation	AI모델 검증	Cross Validation등 기법을 통해 Overfitting, Underfitting 문제 해결
	Data품질확보	Data 정제통한 정확성, 일관성등 확보
	Biz. 검증	개발된 AI S/W가 요구사항을 충족하는지

- Data 정제후 알고리즘, Framework 설계등을 통해 인공지능(AI) Software 개발

2. 인공지능 관련 기술의 최신동향

가. AI 관련 기술의 최신 동향

기존의 인공지능 알고리즘

↓ 개선

학습 개선	절차 개선
- 적대적 생성 Network (GAN)	적응적 기계학습
- 전이학습	상황인식, 자율적
- 연합 기계학습	설명가능한 AI (XAI)

- Data과학 + 상황인식 + 적응형등으로 연합 기계학습 화

나. 인공지능 관련 기술의 최신 동향의 상세 설명

구분	동향	설명
학습 개선	GAN, DCGAN (적대적생성 Network)	생성과 분류라는 상호 경쟁하는 신경망 모델을 구성하여 원본 데이터와 최대로 유사한 Data를 생성하는기술

학습 개선	전이학습	학습시간을 단축하기 위해 이전에 학습된 머신러닝 Model을 재사용하는 기술
	연합 기계학습	분산환경활용(예: 개인휴대폰에서 모델학습 후 중앙서버에서 취합후 공통모델 생성)
절차 개선	적응형 ML	학습과 검증 두단계로 나누는 것이아닌 실Data 활용, 동작하는 과정에서도 새롭게 학습
	상황인식 ML	자율주행자동차 처럼 향후 예측가능 상황을 지속적으로 Monitoring
	XAI(AI) (설명가능한	AI결과를 사용자가 이해할수 있게 만드는 방법, 역산과정 추가하여 구현가능

- GAN, DCGAN은 진짜같은 가짜를 만들어 내는 기술로 AI 학습의 새 장을 마련, XAI통한 신경망 학습에서 결과에 대한 적절성을 찾음

3. AI의 안전(Safety) 취약성

가. 인공지능의 취약성

데이터측면
- 편문 Training Data
- 무가치한 Data (민감정보 인식누락) (처리)

편향성측면
- 윤리문제
- 가짜 Training Data

알고리즘 측면
- open source 취약점
- Best practic 사례부재

AI, ML등 이전 기술 발전과 동일하게 '취약점'등이 존재

나. 인공지능의 취약성에 대한 상세 설명

구분	취약점	설명
Data 측면	평문 학습 Data	익명화된 Data, 토큰화된 Data를 사용하면 모델구축 더 힘들어짐(비 전문성 Issue)
	민감정보 처리 부재	Training, Test Data에도 민감한 정보가 포함될수 있음
알고리즘 측면	Open source 취약점	Open Source 내 악성코드, 취약점이 존재할때 대응어려움
	Best practice 부재	안전한 인공지능 알고리즘을 생성하기 위해 적용할수 있는 기준 부재
편향성 측면	윤리문제	- Kill Switch등과 같은 윤리문제 - AI 동작과 윤리문제 고려 필요
	가짜 Training Data	공격자가 알고리즘을 조작하기위해 Data를 오염시키는 경우

- AI, ML은 복잡한 알고리즘, 많은 Data등이 필요하기에 안전 취약점에 대한 대응이 절실함

4. 인공지능의 취약성 해결 방안

가. Data 측면의 취약성 해결 방안(개선 방안)

Data 보호	해결책 →	Training Data를 포함, AI시스템에도 동일한 Data 보호 기준이 적용되어야 함

4. 알고리즘측면

머신러닝 모델 사용	→	기업 고객들의 로그/기타 정보 Data에 존재할수도 있는 사이버보안 위협감지

다. 편향성측면

보안측면	→	정보 보안에 대한 Best practice Framework 적용

"끝"

문117) 인공지능 개발과정에서 중점적으로 점검할 항목에 대해 기술하시오.

답)

1. 인공지능 개발과정의 순서(FLOW)

- 개발 방법부터 모델, System 구축, 평가, 운영까지의 전과정

2. 인공지능 개발 중점 점검 항목

절차	상세 설명
개발 방법론	- 기존 개발 방법론 → 커스터 마이징, open S/W - 반복적 Agile Iteration, In-House
분석모델& 구축	- 적정한 AI 요소기술(STT, NLP, vision 등) - Self 구축(M/L, D/L) vs API 방식
아키텍처	- 적정 AI platform 선정 & 선정 근 - 서버용량, DB용량, N/W 대역폭(Bandwidth) - AI 요소기술간 Interface
지식 Base DB	- 데이터(Data) Crawling 및 정제 - 데이터 정형화 및 데이터 품질 확보 - 정형/비정형 Data 수집 및 Annotation - 목적에 맞게 확보 및 DataBase 화
Training 및 평가	- 학습 및 테스트 데이터 확보 - 평가 기준 및 적용, 점검 시나리오 확보

보안 (Security)	- 민감 데이터 Masking (민감정보 처리) - Data 통신시(연계시) 암호화
운영 (Operation)	- 운영조직 및 process 확보, 관리자 기능 - Re-Training (FeedBack)

3. 인공지능 개발 중점 점검 항목 예시

ChatBot	이미지인식	음성인식/합성
Intent	Data량	Corpus(말뭉치)량
Entity	이미지 전처리	Training 횟수
Dialog Flow	적용모델	녹음량&시기
Answer DB	평가기준/적용	평가기준/적용

"끝"

문118) 인공지능 데이터 품질 요구사항

답)

1. 인공지능 데이터 품질의 개요

가. 다양성, 정확성, 유효성 확보 필요, AI 데이터 품질의 정의

인공지능 기술(모델& 알고리즘)에 활용되는 데이터가 다양성, 정확성, 유효성 등을 확보하여 사용자에게 유용한 가치를 줄 수 있는 수준.

나. 인공지능 데이터 품질 확보의 범위

AI 구축 전 단계	AI Data 구축 전 단계에 적용
일반 요구사항	품질 대상을 데이터 자체의 품질관리
AI 구축 요구사항	Data 구축 과정의 품질관리

2. 인공지능 데이터 품질 요구사항

- Data 상태에 따라 원시 데이터, 데이터 라벨링, 인공지능 활용 품질 요구사항으로 구분 가능

구분	원시 데이터 품질	데이터 라벨링 품질	인공지능 활용 품질
주요 요구사항	• 기준 적합성 - 대표성, 다양성, 사실성 등 • 기술 적합성 - 표준 포맷 준수 여부	• 라벨링 정확성 - 의미적 정확성 - 구문적 정확성	- 유효성

3. 인공지능 데이터 품질 구축 절차 요구사항

- 품질관리가 수행되어야 하는 데이터 구축단계에 따라 데이터 획득, 정제, Labeling(라벨링), 품질

검수& 활용품질 요구사항으로 구분 가능

구분	획득	정제	가공(라벨링)	품질검수
주요 요구사항	-법/제도 준수 -획득 환경 -획득 대상 등	-정제 기준 -비식별화 -중복성 방지 등	-라벨링 포맷 -라벨링 도구 -작업 방식 등	-검수 기준 -검수 방법 등

"끝"

문 119) 몬테 카를로(Monte Carlo) 트리 탐색(MCTS)

답)

1. 효율적 경로 탐색, 몬테카를로 트리 탐색의 개요

가. Monte Carlo Tree Search 의 정의

전체 경로 탐색불가능시 효율적 경로 탐색을 통해 최적의 판단을 수행하는 알고리즘

나. 몬테카를로 트리 탐색의 특징

정책 (Policy)	-확장 단계에서 가장 높은 승률을 예측 -트리(Tree) 검색의 '폭'을 제한
가치 (Value)	-현재 승산을 나타내는 역할 -트리 검색의 '깊이' 제한 역할

2. 몬테카를로 트리 탐색 절차

①선택 : 현재 상태에서 특정 경로 예측 (수읽기)

②확장 : 경로 예측후 해당 지점에서 트리 확장

③시뮬레이션 : ② 선택시 종료시점 까지 경로 예측

④역전파 : ③ 결과 종합하여 노드가치, 승산예측

①~④반복 : CPU/GPU 기반 반복처리, 정확도 증대

- GPGPU 같은 Hardware 인프라의 발전으로 알파고 (바둑), 왓슨(의료 처리(진료)), 엑소브레인 등 인공지능은 지속적으로 발전중.

"끝"

문120) 디지털 카르텔(Digital Cartel)

답)

1. 인공지능의 담합, Digital Cartel의 개요

가. 알고리즘 기반 담합, Digital Cartel의 정의

투명성이 높은 시장환경에서 기업이익만을 극대화하는 병행, 신호, 자가학습 등의 알고리즘 기반 담합 기법

나. Digital Cartel의 등장배경

- 투명한 거래 → 담합(Cartel)에 유리
- 알고리즘 기반의 묵시적 Cartel, 이익추구위한 AI 학습
- 인공지능 독자 판단의 법적/제도적 공백 활용

2. Digital Cartel의 유형과 알고리즘 역할/기술

가. Digital Cartel의 유형

유형	개념도	설명
Messenger	기업 ↔ 기업 (직접전달)	- 명시적 합의 - 모니터링, 병행 알고리즘 사용
Hub & Spoke	Hub 플랫폼 → spoke 기업, 기업, 기업	- 수평적 가격 담합 - platform 정책수용 → 묵시적 합의
Predictable Agent	기업 → 예측 대응 ← 기업	- 의식적 병행행위, 알고리즘 가격결정 - 상호예측, 즉각대응
Autonomous Machine	A기업 AI ↔ B기업 AI (자율 학습)	- 자율적 병행행위, AI 행위 인지 어려움 - BigData 경쟁 환경

나. Digital Cartel의 알고리즘 역할 & 기술

역할	기술요소	역할 및 구현기술
모니터링 알고리즘	-웹 크롤링 -아파치 스트리밍	-가격담합 이탈시 통보 -Kafka, Flume, HBASE
병행 알고리즘	-블록체인 합의 -스마트 컨트랙트	-동일 가격 공동이용 -Solidity, 전자서명, DApp
신호 알고리즘	-전자봉투기술 - SSL/TLS, IPSec	-가격조정 암호화 송수신 -RSA, SHA-2, pKI, SEED
자가학습 알고리즘	-Q-Learning -통계적 급강하법	-AI시장 Data 학습 -벨만 방정식

3. Digital Cartel 해결을 위한 방안

알고리즘 감시/법적 지위	XAI 기반 알고리즘 해석
-경쟁제한적 사전평가	-Digital Cartel 조기 발견
-알고리즘 법적 지위부여	-인공지능 불확실성 감소
-고유 법인형태 책임부여	-Compliance 준수 여부

"끝"

문121) XAI(eXplainable AI, 설명 가능한 인공지능)

답)

1. 설명가능한 인공지능(XAI)의 개요

가. AI 행동 → 인간이 쉽게 이해, XAI의 정의

어떤 과정을 통해서 결과를 도출해냈는지 설명할 수 있다면 사람들이 훨씬 더 잘 받아들이고 AI를 신뢰할 수 있음

나. XAI의 등장 배경

- 인공지능 시스템에 대한 사회 수용/신뢰 우려
- 전문가 시스템 도출결과 이해 불가 한계를 극복

2. AI와 XAI의 비교

가. 일반 AI의 동작과정

훈련 Data → 머신러닝 process → 학습 영역 → 사용자 (분석 → 학습 영역)

일반 AI는 결론에 대한 의문, 신뢰, 에러수정 등 Black Box

나. XAI의 동작과정

훈련 Data → 새로운 머신러닝 프로세스 → 설명 모델 | 설명 인터페이스 ⇄ 사용자 (분석 → 설명 모델)

- 결론과정 이해, 성공&실패 사유, 신뢰성, 에러 정확히 개선

3. XAI가 인공지능에 미치는 영향

- 사회적/기술적/법·제도적/산업측면 다양함.

구분	적용사례	고려사항
사회적 측면	사용자, 고객등 신뢰확보	-다양한 분야(금융, 보험) 활용 -AI 사용자로부터 신뢰확보
	사회적수용 공감대형성	-편향된 결과 제거 -타당한 설명 가능
기술적 측면	고성능 학습모델도출	-동일 목적과 결과를 갖는 학습 모델 도출, 성능향상
	신규인공지능 전략도출	-Big Data 기반 패턴 추출 -새로운 전략 도출 가능
법/제도 측면	분쟁원인 파악용이	-잘못된 판단 원인 파악 가능 -분쟁 발생 시 중재 가능 (원인 설명)
	GDPR등 규정준수	-개인정보보호 규정등 -규정준수 여부 판단 가능
AI 산업 측면	인공지능 산업활성화	-부정적 인식 제거 -산업 활성화 환경조성
	Biz 활용 수요증대	-효과적 의사결정 가능 -Biz 활용수요 증가

"끝"

문 122) 인공지능(AI) 데이터 평가를 위한 고려사항

답)

1. 인공지능(Artificial Intelligence) 데이터 평가 개요

가. 수집→전처리→모델생성→활용, AI 데이터 구축 process

수집 → 전처리 → 모델생성 (반복) → 활용

데이터획득 / 데이터 가공 / 머신러닝 / AI응용서비스

나. AI 데이터 평가의 정의와 목적

정의: AI응용서비스 위한 데이터 수집, 가공, 모델생성 절차에 맞는 데이터 정합성 & 품질을 검증하는 평가활동

목적: 모델생성, 응용서비스 개발지원, AI데이터 활용도 제고

2. 인공지능(AI) 데이터 평가를 위한 고려사항

가. 인공지능 데이터 대상별 고려사항

대상	고려사항
자연어데이터	기계 번역후 편집시 국립국어원 표기법 준수
이미지데이터	데이터분류 체계및 검수자동화 작업도구 가능확인
영상데이터	원시 영상 데이터 속성 지침준수 여부
지식베이스	국가 법령 상/하위 구조 체계 준수 여부
오픈데이터	사용자 접근용이성, 과제 수행후공개 & 관리

- AI Data는 모델생성통한 응용서비스 구현이 목적

나. 인공지능 데이터 관리 측면의 고려사항

구분	고려사항
AI Data 거버넌스	원천 데이터 선정및 수집시 저작권 확인 모델링 & 요건 변화에 유연한 Data 아키텍처 구축 & 유지
데이터품질	데이터 편향에 대한 검증절차 & 방법론 부여

데이터 정합성	데이터 표준화, 큐레이션(Curation), 라벨링(Annotation=주석)을 통한 전처리 후 심층학습모델 적용
보안	데이터 접근&사용자별 보안 통제 거버넌스 수립
	민감정보 수집활용시 암호화&비식별처리 절차준수

- AI 데이터 관리 수준은 모델링, 성능 및 서비스 수준에 반영되므로 빅데이터 라이프 사이클 중심의 통괄적인 관점으로 접근필요

3 인공지능 데이터 활용동향

AI HUB 플랫폼	AI 데이터, AI SW API, Computing 자원 통합 platform을 통한 데이터 활용 지원
AI Data 전략	데이터 전략 기반의 인공지능 백서를 통한 AI 정책 프레임워크(Framework) 활용 및 구축 필요

"끝"

저자소개

저자 권영식

- 성균관대학교 정보통신대학원 정보보호학과 졸업(공학석사)
- 삼성전자 선임/책임/수석 연구원
- 컴퓨터시스템응용기술사, 정보시스템수석감리원
- 정보통신특급감리원, 정보통신특급기술자
- 과학기술정보통신부 IT 멘토
- 데이터관리인증심사원(DQC-M)
- 韓(한) · 日(일)기술사 교류회 위원
- http://cafe.naver.com/96starpe 운영자

저자 권대호

- 건국대학교 컴퓨터공학과

정보관리기술사 컴퓨터시스템응용기술사 – 인공지능

2021. 6. 7. 초 판 1쇄 인쇄
2021. 6. 14. 초 판 1쇄 발행

지은이 | 권영식, 권대호
펴낸이 | 이종춘
펴낸곳 | BM (주)도서출판 성안당
주소 | 04032 서울시 마포구 양화로 127 첨단빌딩 3층(출판기획 R&D 센터)
10881 경기도 파주시 문발로 112 파주 출판 문화도시(제작 및 물류)
전화 | 02) 3142-0036
031) 950-6300
팩스 | 031) 955-0510
등록 | 1973. 2. 1. 제406-2005-000046호
출판사 홈페이지 | **www.cyber.co.kr**
내용문의 | **simon_kwon@naver.com**
ISBN | 978-89-315-5454-0 (13000)
정가 | 30,000원

이 책을 만든 사람들
책임 | 최옥현
진행 | 최창동
본문 디자인 | 이다혜
표지 디자인 | 박원석
홍보 | 김계향, 유미나, 서세원
국제부 | 이선민, 조혜란, 김혜숙
마케팅 | 구본철, 차정욱, 나진호, 이동후, 강호묵
마케팅 지원 | 장상범, 박지연
제작 | 김유석